DESCRIPTIONS *DES ARTS* ET MÉTIERS.

DESCRIPTIONS
DES ARTS
ET MÉTIERS,

FAITES OU APPROUVÉES

PAR MESSIEURS

DE L'ACADÉMIE ROYALE
DES SCIENCES.

AVEC FIGURES EN TAILLE-DOUCE.

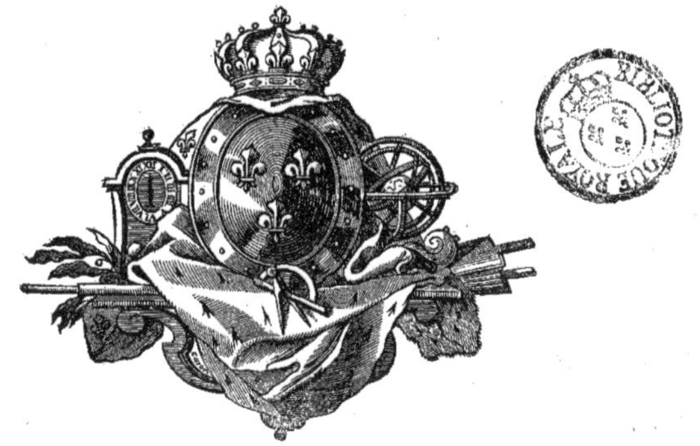

A PARIS,

Chez { SAILLANT & NYON, rue S. Jean de Beauvais;
DESAINT, rue du Foin Saint Jacques.

M. DCC. LXI.

Avec Approbation & Privilége du Roi.

ART
DE FAIRE
LE PARCHEMIN.

Par M. DE LA LANDE.

M. DCC. LXII.

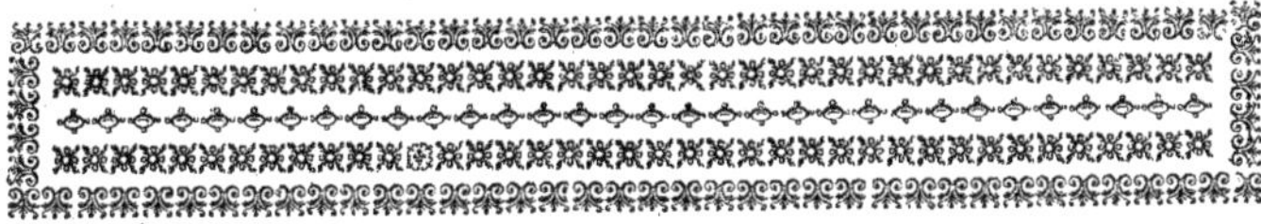

ART
DE FAIRE
LE PARCHEMIN.

Par M. DE LA LANDE.

LE PARCHEMIN ordinaire dont on se sert pour écrire, est formé d'une peau de mouton passée à la chaux, écharnée, raturée & adoucie avec la pierre ponce; cette définition s'éclaricira par le détail des traveaux du Mégissier & du Parcheminier, que nous décrirons après avoir dit un mot du nom & de l'origine du parchemin.

1. L'USAGE du parchemin est fort ancien : Hérodote assure dans son liv. 5, intitulé *Terpsichore*, que dans les temps les plus reculés on écrivoit sur des peaux de moutons & de chevres qu'on appelloit διφθέραν : les Hébreux s'en servoient aussi-bien que les Grecs; on voit dans le 10e livre des Antiquités Judaïques de Joseph, que lorsque le Grand-Prêtre Eléazar envoya à Ptolémée-Philadelphe une copie des Livres saints pour être traduits en Grec par les soixante-douze Interpretes, le Roi admira la finesse de la peau sur laquelle ils étoient écrits, *tenuitatem membranæ* : c'étoit vers l'an 277 avant J. C.

Le mot latin *membrana* (*à membro*) signifie évidemment la peau qui recouvre les membres d'un animal; mais elle ne détermine pas la qualité & la préparation de cette peau. Il paroît même que les Anciens en employoient de toute espece ; on trouve dans les Auteurs les termes de *membranæ caprinæ*, *agninæ*, *ovillæ*, *vitulinæ*, *hædinæ* ; on se servoit même des boyaux. Le P. Mabillon & le P. de Montfaucon sont persuadés que l'usage des peaux pour l'écriture est plus ancien que celui de l'écorce ou du papier d'Egypte.

Cependant à en juger par le rapport de Pline, le parchemin, *Charta Pergamena*, fut inventé à Pergame lorsque Ptolémée-Epiphanes eut défendu la sortie du papier d'Egypte; mais il pourroit bien arriver que le parchemin n'eût pris le nom de cette Ville qu'à raiſon du grand uſage qu'elle en fit, & d'un plus grand art dans la préparation du parchemin, ſuite naturelle de l'étendue de la conſommation & du commerce.

Pergame eſt une Ville ſituée dans l'Aſie mineure, vis-à-vis de l'Iſle de Leſbos, aujourd'hui *Pergamo* ſur la riviere de Girmaſti, célebre par la naiſſance de Galien; Eumenes II, quatrieme Roi de Pergame, y régnoit 200 ans avant J. C. Polybe (*exempl. virt. & vit.*) fait le plus grand éloge de ce Prince qui joignoit la connoiſſance & le goût des lettres avec les vertus guerrieres & politiques; il acheva de former la bibliotheque fameuſe de Pergame que Marc-Antoine réunit dans la ſuite à celle d'Alexandrie, & qui donna lieu à l'invention du Parchemin.

La Cour de Pergame & celle d'Alexandrie étoient rivales : les Rois d'Egypte ayant vu avec peine s'élever à Pergame une bibliotheque conſidérable, ils avoient réſolu d'en arrêter les progrès; Ptolémée défendit le tranſport du papier d'Egypte, eſpérant ôter par-là à Eumenes le moyen de faire copier les manuſcrits dont il formoit ſa bibliotheque. Ce moyen auroit réuſſi ſi Eumenes n'eût imaginé de perfectionner un Art qui pouvoit tenir lieu de celui du papier, l'art de paſſer & de préparer les peaux d'animaux pour pouvoir écrire deſſus.

Cet Art étoit déja connu en Orient; mais il étoit fort groſſier, & ce fut à Pergame qu'on trouva le moyen de le porter à ſa perfection, & de faire le parchemin ou *charta pergamena*, infiniment ſupérieur par ſon poli, par ſa flexibilité, par ſa durée, au papier d'Egypte toujours rude & caſſant.

Voy. Prideaux, hiſt. des Juifs, Part. I, liv. 7, à l'an 332. M. Fréret, Mém. de l'Acad. des Inſcrip. t. 6, p. 182.

M. Bonamy obſerve dans les Mémoires de l'Académie des Belles-Lettres (t. IX, pag. 398), que Scaliger s'eſt trompé à l'égard d'Eumenes, Fondateur de la bibliotheque de Pergame.

Cet Eumenes que Pline ne déſigne point, n'eſt pas Eumenes, neveu de *Phileterus*; mais c'eſt, ſelon Strabon, Eumenes fils d'*Attalus I*, qui commença à régner la ſeptieme année de Ptolémée-Epiphanes. Or il eſt certain qu'il y avoit à Alexandrie une bibliotheque avant la ſeptieme année de Ptolémée-Epiphanes. Auſſi Pline ne parle-t-il point de l'établiſſement d'une bibliothque, mais ſeulement de l'émulation qui régnoit entre Ptolémée & Eumenes, pour augmenter le nombre de leurs livres, émulation qui donna lieu à l'invention du parchemin, parce que Ptolémée avoit défendu la ſortie du papier d'Egypte : *Æmulatione circa bibliothecas regum Ptolemæi & Eumenis, ſupprimente chartas Ptolemæo, idem Varro membranas Pergami tradidit repertas.* Pline, liv. XIII, ch. XI.

Le Prince que Pline appelle *Eumenes*, eſt appellé par d'autres *Attalus*, comme il paroît dans une épître de S. Jérôme à *Chromatius*.

Rex Attalus membranas à Pergamo miserat ut penuria chartæ pellibus pensaretur. Undè & Pergamenorum nomen ad hunc usque diem tradente sibi invicem posteritate, servatum est. Sur quoi Pitiscus ajoute qu'il n'est pas étonnant que S. Jérôme appelle *Attalus* celui que Pline appelle *Eumenes* (l. 13 ch. 11). *Nam similiter appellat Ælianus : nempe quia ut reges Parthorum Arsacidæ, Philistæorum Abimelech, Syriæ ac Damasci Benhadad, Ægyptiorum Ptolemæi*, &c. *sic Pergami reges vocati Attali.* Voss. Lex. etym. de Arte Grammat. 1, 38, Salmas. Plin. exerc. p. 659, *a*. E. Guiland. papyr. membr. VI. §. 21. Samuel Pitiscus Lexicon Antiquitatum Romanarum, t. 3, pag. 63, verbo *Pergamenum.*

Ainsi cette différence de noms ne change rien à la date de l'invention du parchemin ; au reste l'Art en fut poussé très-loin chez les Anciens, & l'on en faisoit à Rome un usage fréquent. Dans le 14e livre des épigrammes de Martial, intitulé *Apophoreta*, il est parlé de plusieurs Auteurs dont les ouvrages étoient écrits *in membranis, pellibus.*

> *Quàm brevis immensum cepit membrana Maronem*, 184.
> *Ilias & Priami regni inimicus Ulysses*
> *Multiplici pariter condita pelle latent*, 182.

On préparoit à Rome du parchemin d'une très-grande finesse, puisque Cicéron dit avoir vu toute l'Iliade d'Homere écrite sur du parchemin & renfermée dans une noix.

En général, dans les Arts qui ne supposent que de la constance & de la finesse dans l'exécution, nous voyons que les Anciens ne le cedent point aux Modernes ; il n'en est pas de même de ceux où il a fallu ou des hazards heureux ou de longues suites d'expériences.

De la Texture du Parchemin.

2. M. Morand, dans un Mémoire lu à l'Académie en 1738, & qu'il a bien voulu me communiquer en manuscrit, observe que la peau dont est formée le parchemin, est un tissu particulier formé de fibres aponévrotiques qui s'entrelacent les unes dans les autres. C'est cet entrelacement qui donne à la peau la facilité de s'étendre en tout sens avec une extrême souplesse, & de se prêter dans le sujet vivant à toutes les inflexions des muscles ; les impressions même de la chaleur & du froid peuvent, en resserrant les mailles du tissu, fermer les pores de la peau. Un parchemin sauvé de l'incendie de la Chambre des Comptes avoit pris par la chaleur une forme singuliere qui attira l'attention de M. Morand, & donna occasion à ce célebre Anatomiste d'en examiner le tissu. Le bord de ce parchemin du côté où commencent les lignes de l'écriture, s'est raccourci par l'action du feu, tandis que du côté droit il est resté dans sa grandeur naturelle. Le côté gauche est plus court d'un grand tiers ; les lettres en sont raccourcies, & les

lignes rapprochées entr'elles de près de moitié ; la comparaiſon du côté brûlé avec l'autre, montre aſſez bien le changement qu'il a éprouvé par le feu ; la réduction des lettres, des mots & des lignes, s'eſt faite proportionnellement, & il ſemble que l'écriture n'en ſoit que plus liſible ; les fibres intérieures ſe ſont bourſoufflées pendant que les extérieures ſe ſont froncées, de ſorte que tout le tiſſu eſt devenu moins long & moins large, & en même temps plus épais. On en voit une ébauche marquée *Q R* dans la Planche I : on n'a pas pu y repréſenter exactement l'écriture avec la forme qu'elle avoit priſe, parce que cette écriture étoit devenue d'une trop grande petiteſſe. Ce phénomene prouvoit aſſez l'entrelacement des fibres, & la pluralité des couches. M. Morand s'en aſſura encore en faiſant macérer dans l'eau des morceaux de parchemin qui auparavant avoient *été criſpés* par le feu ; cette macération lui fit connoître qu'il y a dans le parchemin deux couches très-diſtinctes, dont l'intervalle eſt occupé par une ſubſtance plus molle, qui paroît gonflée, & qui ſe détache aiſément des deux lames dont elle eſt couverte ; on arrache même une couche de deſſus un parchemin ordinaire en le déchirant.

Par de ſemblables macérations, on peut rendre aux fibres criſpées par le feu à peu-près la même étendue qu'elles avoient auparavant ; & c'eſt effectivement par ce moyen que M. Morand penſa qu'on auroit pu rétablir un grand nombre de parchemins ſauvés de l'incendie de la Chambre des Comptes.

Matiere du Parchemin, & ſes caracteres.

3. Nous avons dit, en commençant, que le parchemin eſt une peau de mouton paſſée à la chaux & raturé : ce ſont les Mégiſſiers * qui travaillent le parchemin à la chaux, & les Parcheminiers de Paris ne font que le raturer. La peau de mouton n'eſt pas la ſeule qui puiſſe ſervir à faire du parchemin, comme nous le dirons bien-tôt ; mais quelle que ſoit la matiere du parchemin, ſes principales qualités ſont la blancheur, la fineſſe, la roideur, & d'être bien dégraiſſé. Les cuirs & les peaux qu'on deſtine à d'autres uſages ſont préparés à l'alun, à l'huile, au tan, ſont travaillés ſur le chevalet, corroyés, foulés : ces préparations n'ont point lieu dans le parchemin ; elles lui donneroient une molleſſe, une rugoſité, une teinte, qui le rendroient peu propre à l'écriture.

On diſtingue dans le parchemin le dos & la chair : le dos eſt le côté qui a porté la laine ; l'autre côté eſt celui de la chair. Ce qu'on appelle la *Fleur*

* Il faut entendre par *Mégiſſier* proprement celui qui travaille de petites peaux en blanc avec la chaux, la pâte ou le confit, comme on le voit par les Statuts des Mégiſſiers, à la différence des Tanneurs qui emploient de l'écorce ; & des Chamoiſeurs qui ſe ſervent principalement de l'huile. Au reſte des Mégiſſiers qui ne feroient que du parchemin, s'appelleroient tout naturellement des *Parcheminiers* ; mais communément le même Ouvrier travaille le parchemin & les peaux blanches, ce qui fait que l'on appelle communément en province *Mégiſſiers*, ceux qui font le parchemin. Les Parcheminiers de Paris ſont Marchands de Parchemins, & non Fabriquants ; les Mégiſſiers de Paris ne font point de parchemin.

eſt

est un terme équivoque; chez les Marchands de parchemin à Paris, c'est le côté de la chair; mais pour les Fabriquants & les Mégissiers, c'est le dos qu'on appelle la *Fleur* : nous nous servirons dans ce sens-là du terme de *Fleur*, parce que dans les Corps de Métiers où l'on travaille des cuirs ou des peaux, on appelle *Fleur*, le côté du poil ou de la laine.

4. Le vélin ne differe pas beaucoup du parchemin : les peaux de veau qu'on emploie pour le faire, sont plus grandes, plus épaisses; elles ont une demi-transparence plus belle; elles sont plus blanches, plus unies & moins sujettes aux taches & aux défectuosités, & elles ne jaunissent pas comme le parchemin : c'est ce qui rend le vélin beaucoup plus cher : elles sont d'ailleurs bien plus difficiles à travailler (44).

5. Le parchemin vierge est celui qui est fait avec la peau de chevreau; il imite très-bien la qualité du vélin, & il a de plus les avantages que la superstition y a attachés, & qui le rendent fort cher; cependant on n'y emploie guere que les peaux de chevreaux qui ne peuvent pas servir pour la Ganterie.

6. Les peaux de veaux & les peaux de chevres préparées en parchemin, s'emploient pour les tambours; mais ce sont les peaux de loups qui sont les plus recherchées pour cette usage : il y a lieu de croire que si on ne les emploie pas plus souvent, c'est qu'elles sont rares, & qu'il est difficile surtout de les avoir entieres; un loup tué à coups de fusils, est ordinairement criblé de maniere à ne pouvoir servir pour un tambour. C'est un préjugé dans les troupes, qu'un tambour de peau de loup fait casser les autres; c'est du moins une maniere d'exprimer la force singuliere qu'on leur connoît.

Les peaux de cerf & de biche seroient trop épaisses pour faire du parchemin; comme elles ont beaucoup de corps, & que d'ailleurs elles sont rares, on préfere de les passer en chamois, c'est-à-dire, en huile pour la Ganterie.

Les peaux de porcs préparées à la façon du parchemin servent à couvrir des livres d'Eglises, à faire des cribles : nous aurons occasion d'en parler (50).

Les peaux d'ânes servent pour les timbales, lorsqu'elles sont préparées en parchemin; elles se préparent de la même façon que les peaux de tambours dont nous parlerons (62).

7. Nous avons dit que le parchemin ordinaire se fait avec la peau de mouton; nous ajouterons que celle de brebis est encore plus estimée; & enfin que la peau d'agneau étant plus fine & plus blanche, est la plus recherchée de toutes. C'est sur la peau de mouton, que nous allons suivre en détail les procédés de la Mégisserie, parce que c'est le travail le plus ordinaire chez les Parcheminiers. Nous parlerons ensuite séparément du vélin & des autres sortes de peaux.

On travaille au parchemin en tout temps; cependant c'eſt au printemps que ſe fait le fort de l'ouvrage : on raſſemble pendant l'hyver les peaux que l'on ſe propoſe de faire tout à la fois, lorſque la belle ſaiſon ſera venue; on ne prend gueres que les peaux de mouton les plus foibles; les autres ſe travaillent en baſanne, en blanc, en laine, en chamois, pour les différents uſage du commerce; les moutons trop grands & trop vieux ſont ſujets à la graiſſe & aux taches, plus difficiles à travailler & trop chers pour ſervir aux parchemins.

Lavage des Peaux.

8. Le Boucher qui deshabille un mouton, doit avoir ſoin d'étendre la peau pour la faire ſécher, à moins qu'il n'ait un Mégiſſier qui puiſſe la laver tout de ſuite; s'il laiſſe traîner ſes peaux, & qu'il les néglige, elles contractent des taches qui ſont ſouvent ineffaçables. S'il les laiſſe en tas les unes ſur les autres, elles s'échauffent & fermentent en certains endroits, qui dès-lors s'attendriſſent & ſont ſujets à s'ouvrir enſuite ſous le fer.

Si le Mégiſſier reçoit les peaux ſeches, il eſt obligé de les mettre dans l'eau pour y tremper deux ou trois jours; il ſe ſert communément d'un cuvier pour cet effet, & lorſque ſes peaux y ont reſté aſſez long-temps pour être ramollies, on les lave dans une eau courante pour en ôter le ſang & les ordures; c'eſt ce qu'on appelle *laver de ſurge* ou *de ſuen*. Les peaux, quoique nouvelles, ont beſoin de tremper quelques heures pour que le ſang & les ordures puiſſent s'en détacher, & qu'elles s'imbibent d'eau; en hiver, il leur faut plus de temps pour tremper.

Si les peaux ſont trop anciennes & trop ſeches pour être parfaitement ramollies par le lavage, on leur donne un travail ſur le chevalet avec le couteau à *recaſſer* qui n'a qu'un tranchant *rond*, c'eſt-à-dire, un fil uſé qui ne puiſſe pas couper les peaux.

9. Le *chevalet* eſt une planche *F* (*Pl. I*) arrondie ou convexe de 4 à 5 pieds de long, appuyée ſur un bâton à deux branches qu'on nomme la *Jambette*, & qui entre dans un trou fait ſous la planche du chevalet.

Si l'on ne ſe ſert pas du couteau à recaſſer pour laver de ſurge ou de ſuen, on paſſe du moins la peau ſur le chevalet avec les mains, frottant en différents ſens pour emporter les impuretés, & laver de ſurge. Le terme de *ſurge* ou *ſuen*, ſignifie proprement *la graiſſe de la laine*; c'eſt pourquoi on dit *laver de ſurge*, lorſqu'il s'agit de laver la peau en laine avec la graiſſe.

Le *ſuen* eſt une graiſſe ſuperficielle devenue diſſoluble dans l'eau à la façon des matieres ſavonneuſes, par l'union qu'elle a contractée avec les matieres ſalines & urineuſes dont les moutons ſont preſque toujours couverts dans leurs étables. On ſait par les principes de Chymie, que le ſavon (matiere ſi aiſée à diſſoudre dans l'eau, qu'elle facilite la diſſolution des autres graisses) est composé de sels alkalis unis avec de la graisse ou de l'huile.

Le *Couteau à talon*, ou *fer à recasser*, représenté en *H* (*Pl. I.*), qui sert à amortir & recasser les peaux, ne coupe point ; mais il a un tranchant mousse dans sa partie concave, qui sert à écraser les inégalités, à fouler la peau, à écraser le nerf, à en dompter la roideur ; & la partie convexe est simplement quarrée, ainsi que le dos d'un couteau ou d'un rasoir.

Le *Couteau de riviere* coupe un peu du côté concave, & le côté convexe qui est plus tranchant, ne sert que lorsqu'il se rencontre quelques aspérités ou quelques lambeaux de chair qu'on est obligé d'enlever; on le voit en *G* (*Pl. I*).

Le *Couteau de riviere* a ordinairement un pied de longueur & un pouce de courbure : on l'appelle aussi quelquefois *Couteau à revers* ; mais nous éviterons cette dénomination, parce que le mot de *couteau à revers*, signifie chez les Tanneurs un grand couteau qui est droit, tranchant des deux côtés & qui sert principalement à écharner les cuirs.

Un Ouvrier peut laver & recasser 200 peaux dans un jour.

Maniere de mettre en chaux.

10. Les peaux de mouton étant chargées de leur laine, il s'agit avant toutes choses de les peler.

Pour pouvoir le faire aisément, & sans risquer d'effleurer la peau, on se sert de la chaux ; on la fait éteindre dans une quantité d'eau suffisante pour lui donner la consistance d'une bouillie claire, & on la laisse refroidir pour amortir davantage sa force corrosive.

Les peaux étant étendues sur terre, la laine en dessous, on trempe dans la chaux un bâton garni à son extrémité de deux ou trois mauvaises peaux ; il s'appelle *Goupillon* ou *Guenillon* ; on en frotte le côté de la chair, en sorte qu'il soit couvert de chaux par-tout ; on redouble les peaux chair contre chair, & on les met en retraite les unes sur les autres, laine contre laine : la Planche I représente en *C* le travail de celui qui met en chaux.

11. Il est essentiel qu'aucun endroit de la peau n'échappe à la chaux, même les bords, qu'on a soin de bien étendre ; sans cela l'endroit qui n'auroit pas été *régalé*, qui n'auroit pas pris la chaux, résistant davantage au travail, emporteroit le reste, & feroit rompre la peau. Nous parlerons aussi de ce qu'on appelle la *chaux crue* : c'est un défaut qui paroît dans le parchemin, lors même qu'il n'est pas assez considérable pour occasionner une rupture ; il arrive aussi quand la chaux trouve un endroit plus tendre que les autres, ou si la peau n'ayant pas été étendue assez tôt, a été échauffée, *amputée*, c'est-à-dire, corrompue par la fermentation ; enfin si la laine manque dans certains endroits ; car alors l'action de la chaux y est plus forte, & ayant moins à agir sur la laine, elle attaque davantage la substance de la peau.

Voilà pourquoi on remarque quelquefois une traînée de chaux ſur la raie du dos, lorſque la peau a été pliée ſur ſa longueur, & que la chaux a quitté l'endroit du pli.

12. Les peaux placées les unes ſur les autres, comme on le voit en *C*, chair contre chair, & laine contre laine, paſſent ainſi quelques jours, juſqu'à ce qu'on s'apperçoive que la laine peut s'arracher aiſément; cinq à ſix jours ſuffiſent en été; il faut quelquefois trois ſemaines en hyver; cela dépend d'ailleurs de la qualité de la chaux & de l'état où ſe trouvent les peaux.

Si on laiſſoit les peaux trop long-temps, on riſqueroit de perdre la laine, qui, ſe trouvant trop détachée, ſeroit emportée par le premier lavage. Si au contraire, on les retiroit trop tôt, la laine étant plus difficile à peler, on courroit riſque d'effleurer la peau en arrachant la laine (56).

Un boiſſeau de chaux peut ſuffire pour mettre en chaux un cent de peaux de mouton, lorſqu'il ne s'agit que de faire tomber la laine.

13. Dans le Berry, où les peaux ſont beaucoup plus fines & plus délicates, on ne lave point de ſuen, de peur de gâter la laine, qui eſt l'objet d'un commerce précieux.

On ſe contente de laiſſer tremper les peaux, ou bien on les travaille ſeches en laine; on les recaſſe bien, on les humecte; & quand elles ſont ſuffiſamment amorties, on les met en chaux pour deux à trois jours : on n'attend pas que la laine en tombe facilement; mais on les plume à la main, en arrachant, pour ainſi dire, la laine fine; & quand il ne reſte que le poil le plus groſſier, on le pele avec le *Cœur* qui eſt une eſpece de pierre à éguiſer : nous en parlerons ci-après.

Les peaux qui ont été aſſez long-temps en chaux, commencent à s'échauffer au point qu'elles riſqueroient de ſe brûler, ſi on n'avoit grande attention à les retirer à propos; c'eſt encore là une cauſe qui rend beaucoup de parchemins défectueux.

Surtondre & peler les Peaux.

14. Les peaux ayant été en chaux aſſez long-temps pour que la laine ſoit aiſée à enlever, on lave légérement ces peaux dans une eau courante pour en détacher le plus gros de la chaux, afin de pouvoir les manier aiſément & avoir de la laine plus nette.

Il ne laiſſe pas d'y reſter encore de la chaux; mais elle y eſt néceſſaire pour empêcher que les peaux ne ſe corrompent dans l'intervalle de temps qui doit ſe paſſer avant qu'elles retournent à la chaux.

On commence par *ſurtondre* la peau, c'eſt-à-dire, couper avec des forces les extrémités de la laine qui ſont durcies, ſeches ou gâtées, les brins les plus groſſiers, ceux auxquels il y a des ordures que le lavage n'a pu enlever. Les Forces dont on ſe ſert pour ſurtondre les peaux, n'ont point de charniere,

charniere, mais ſont formées d'une ſeule piece d'acier recourbée qui forme les deux lames ou les deux tranchants : ainſi ces deux lames s'écartent l'une de l'autre par la force de leur reſſort ; & celui qui ſurtond, n'a d'autre peine que de les ſerrer dans ſa main pour couper la laine : dès qu'il ceſſe de les comprimer, les forces s'ouvrent d'elles-mêmes pour couper un autre brin.

Cette ſurtonte, quoique la plus mauvaiſe qualité de laine, ſert encore à des ouvrages groſſiers, tels que les couvertures qu'on met ſur les chevaux ; elle ſe vend 2 ou 3 ſols la livre, c'eſt-à-dire, la moitié environ de la laine de queue qui eſt la moindre qualité des laines marchandes.

Après avoir ſurtondu la peau, il s'agit de la peler : pour cet effet l'ouvrier étend la peau ſur le chevalet ; & prenant de la main droite un petit bâton arrondi, & d'environ un pied de long qu'on nomme *peloir*, ou une pierre à aiguiſer, il appuie fortement ſur la peau, tandis que de l'autre main il conduit le peloir, & prend en même-temps la laine qui ſe détache.

On voit en *B* (*Pl. I.*) l'action de celui qui ſurtond les peaux, & en *D*, l'action de celui qui pele. Les forces ſont repréſentées en *K*, le peloir en *P* ; on voit en *S* la pierre qui ſert au même uſage que le peloir.

Un ouvrier peut ſurtondre 80 peaux de mouton dans un jour, pourvu qu'elles ne ſoient pas extrêmement défectueuſes, c'eſt-à-dire, qu'il n'y ait pas une quantité extraordinaire d'ordures ou de ſurtonte.

Un ſeul homme peut plumer 200 peaux par jour, c'eſt-à-dire, 18 par heure, s'il ne ſépare pas les laines ; un tiers de moins, s'il eſt obligé de trier à meſure qu'il pele.

On donne le nom de *Plis* à la laine qui eſt ainſi détachée de la peau au moyen de la chaux, par oppoſition à la *mere-laine* que l'on tond ſur la bête vivante. Le plis eſt cependant employé pour certains ouvrages, comme les groſſes couvertures qui doivent être conſidérablement refoulées ; la chaux dont elles ſont légérement empreintes, facilite, à ce qu'on dit, le travail du foulon : mais en général cette laine eſt rebutée ; les anciens ſtatuts des Mégiſſiers leur défendent ſévérement de la mêler avec la mere-laine, parce qu'elle fait un drap qui ſe caſſe de toutes parts.

15. Si on laiſſe ſécher les cuirs au ſortir de la chaux, ils deviennent beaucoup plus difficiles à peler ; dans ce cas on les fait revenir en les laiſſant tremper dans l'eau : mais par ce moyen on les dépouille trop de leur chaux ; ainſi il eſt préférable de les peler tout de ſuite à meſure qu'on les tire de la chaux : pour cela un Mégiſſier vigilant ne met en chaux que le nombre de peaux qu'il prévoit pouvoir conduire, afin que les opérations ſe ſuivant peu à peu, elles ne ſoient ni précipitées ni tardives.

16. La gelée nuit auſſi à cette opération ; les peaux ne *plumeroient* pas ſi bien, c'eſt-à-dire, ne quitteroient pas ſi bien la laine, ſi elles avoient été

gelées ; le pied de la laine, cette épiderme légere qu'on enleve avec la laine, & qui se détache aisément de la peau, y tiendroit davantage, & l'on risqueroit d'effleurer.

17. Le triage des différentes sortes de laines, quoiqu'étranger à la fabrication du parchemin, est une des fonctions du Parcheminier ; ainsi nous croyons devoir en dire quelques mots. Celui qui pele une peau de mouton, a soin de séparer la laine en deux ou trois tas différents, suivant le degré de beauté : la laine du collet est la plus belle ; le dos & le ventre donnent une laine moyenne, ou plis moyen ; celle des cuisses & de la queue sont ordinairement de la derniere qualité : il y a cependant des moutons qui ont la laine du ventre plus grosse que celle des cuisses.

En Berry, le choix & l'attention que l'on apporte dans cette opération, sont encore plus considérables : on y tire la laine à la main avec la plus grande attention ; on sépare d'abord la belle laine blanche en trois sortes, *plis fin*, *plis moyen*, *gros plis ;* la laine noire ou grise forme aussi trois especes, qu'ils appellent *fin bege*, *moyen bege*, *gros bege* : ils nomment *écharnure* la laine tirée sur la gorge & sur les épaules ; c'est la plus estimée ; elle se vend jusqu'à cinquante sols la livre, c'est-à-dire, trois fois plus que la laine des environs de Paris : au contraire, le *jarre* est formé par des brins de laine plus forts, plus grossiers & moins blancs, qui restent attachés à la peau, quand on tire la bonne laine : il y a des moutons qui ont beaucoup de jarre ; on le prendroit pour du poil de chien, quand ce jarre est resté seul sur la peau. La laine se lave, dans le Berry, à force de bras, dans de grands paniers que l'on plonge dans la riviere ; au lieu que dans ces pays-ci, les Mégissiers lavent ordinairement la laine sur la peau, ce qu'on appelle *laver de surge* ou *de suen.*

A l'égard de la quantité de laine qu'un Mégissier retire de ses peaux, on n'en sauroit rien dire de bien précis ; les moutons du Berry ne portent gueres que trois quarterons ou douze onces de laine, tandis que les gros moutons de Flandre en portent six à sept livres ; plus communément c'est une livre & demie.

18. Lorsqu'on travaille du vélin, on est aussi obligé de peler ou débourrer les veaux sur le chevalet ; mais ce travail n'exige pas autant de précautions.

Pour débourrer le veau, on s'y prend à peu près comme pour peler le mouton ; si le cuir est un peu trop dur, on emploie une pierre au lieu du peloir de bois dont nous avons parlé ; on appelle *Cœur* cette pierre dont la qualité est ordinairement celle des pierres à aiguiser ; elle a une forme quadrangulaire, & elle se termine en pointe des deux côtés comme on le voit en *S* (*Pl. I*).

On se sert aussi du fer à recasser dont nous avons parlé art. 9 ; c'est même le plus usité pour cette opération.

Les peaux de tambour se pelent quelquefois avec des cendres & de l'eau, (voyez art. 62).

19. Si l'on veut mettre à profit la bourre qu'on a retirée de dessus une peau de veau, il faut la jetter dans un cuvier d'eau claire, où elle passe 5 à 6 jours. On la lave ensuite dans un grand panier d'osier qui ait 2 pieds de diametre & un pied & demi de profondeur, au milieu duquel il y a une anse circulaire; on met dans ce panier une lavée d'environ une livre & demie; on la lave dans une eau claire & coulante; on tourne la bourre avec un bâton pour la bien démêler. On la retire de l'eau à trois reprises différentes pour en faire sortir la saleté. Alors on peut plier cette lavée de bourre en forme de manchon pour la mettre égoutter sur une claie pendant trois jours; & on l'étend enfin sur des claies dans le séchoir: plus elle séchera promptement, & meilleure sera sa qualité.

Cette bourre sert à garnir les fauteuils, les selles, les colliers des chevaux; elle vaut dix à douze livres le quintal, lorsqu'elle est ainsi travaillée avec soin sans aucun mélange de bourre de bœuf, ni de vache, parce que celle-ci ne vaut pas la moitié de celle de veau.

La quantité de bourre que fournit une peau de veau, va depuis une demi-livre jusqu'à une livre & demie: il y a des veaux en Flandre qui en ont jusqu'à deux livres; mais ce sont des veaux de lait, qu'on n'a point laissé brouter, & qui pesent jusqu'à six cents: il y en a plus en hyver qu'en été; car le froid rend les veaux plus forts en cuir & plus foibles en poil. Si la bourre n'a pas été lavée & choisie avec les précautions que nous venons d'indiquer, elle ne sert plus qu'aux Maçons qui la mêlent dans la chaux éteinte pour la lier, & en faire un enduit en forme de plâtre.

Mettre les Cuirs dans le Plein *.

20. Lorsque les cuirs sont pelés, il s'agit de les mettre dans le plein pour les faire enfler, les attendrir, les dégraisser. Le plein est un creux pratiqué dans la terre, ayant deux pieds de diametre sur cinq pieds de profondeur plus ou moins, qui peut contenir entre cinq cents & mille pintes d'eau, ou deux ou trois muids mesure de Paris, (le muid est de trois cents pintes, chacune de deux livres ou 48 pouces-cubes, comme les bouteilles ordinaires). Les pleins ne sont point revêtus de briques ni de pierre; la maçonnerie fourniroit toujours un gravier qui feroit tort à

* L'Encyclopédie au mot *Cuir* écrit *Plain*: cette orthographe répond-elle à l'étymologie & à l'usage? ce mot vient certainement de *peler*, parce que le premier usage de la chaux a été celui de faire tomber le poil de la peau: dans les anciens Manuscrits de l'Académie je trouve *pelain*; dans les Mémoires du Conseil, *plin*: mais comme dans les Ordonnances & Statuts émanés de l'autorité Royale, depuis celui du mois de Juin 1585, je trouve *plein*, je préférerai cette maniere d'écrire, ne voyant pas d'autorité plus respectable, ni d'usage plus constaté.

l'ouvrage : on y enterre de grandes tonnes de chêne, qui peuvent durer juſqu'à ſoixante ans quand elles ſont bien faites.

C'eſt dans ces tonnes, que l'on fait fondre & éteindre la chaux dans laquelle doivent ſéjourner les cuirs ; on en voit la figure en *E* dans la Planche I.

On ne doit pas différer à mettre les peaux dans le plein lorſqu'elles ont été pelées ; elles perdroient leur humeur de chaux, & ſe gâteroient, ſi on les laiſſoit trop long-temps hors de la chaux. Pour faire un plein, on choiſit de la chaux faite avec une pierre tendre, afin qu'elle ſoit plus douce, & qu'elle attaque plus lentement les cuirs : la chaux que l'on préféreroit pour faire le mortier à bâtir, eſt trop vive pour faire un plein ; on prend une chaux légere, qui durcit moins, & boit moins d'eau.

Lorſqu'il s'agit d'éteindre de la chaux pour le mortier, on commence par l'échauffer avec un peu d'eau pour la faire partir, la mettre en mouvement ; mais bientôt après on y ajoute une plus grande quantité d'eau, pour que la chaux ne ſe brûle pas : cependant on a ſoin de ne pas la noyer, ſans quoi elle perd ſa force, & ne durcit plus le mortier ; c'eſt le défaut le plus ordinaire parmi les Maçons de Paris : il en eſt tout autrement de la chaux des Mégiſſiers, on la noye afin de l'amortir ; on jette dans le plein la valeur de deux muids d'eau pour un demi-muid de chaux, & tout à la fois, afin que la chaux trouve de quoi s'étendre tout d'un coup ; elle ſe durciroit, & deviendroit crêmeleuſe, ſi on ne l'abreuvoit que peu à peu. Tandis que la chaux ſe fond, on la remue continuellement, de maniere qu'elle faſſe un beau lait de chaux ; le *bouloir* ou *pouſſou* dont on ſe ſert pour cet effet, eſt une piece de bois taillée en cube & emmanchée à un long bâton. On laiſſe enſuite repoſer le plein juſqu'à ce que la chaux ſoit bien éteinte & bien froide ; il ne doit ſervir que deux jours après la fonte ; ſans ce délai, on courroit riſque de brûler les cuirs. On appelle *Cuirs*, & dans certains endroits *Cuirets*, les peaux qui ſont pelées, juſqu'à ce qu'elles aient été travaillées ſur la herſe ; car c'eſt alors ſeulement que le parchemin eſt fait, & prend le nom de *Peau de parchemin.*

21. Avant de mettre les cuirs dans ce plein frais, on les prépare en les faiſant tremper dans un cuvier avec une eau de chaux légere & déjà uſée : cette préparation empêche qu'ils ne ſoient ſurpris trop vivement par l'action du plein ; on les laiſſe dans ce mort-plein deux ou trois jours, après quoi on les laiſſe autant de temps à l'égout.

Après avoir été ainſi préparés dans un mort-plein, & égoutés, les cuirs ſe jettent dans le plein frais ; on en peut mettre quatre cents dans un plein où il y auroit deux muids d'eau (de huit pieds-cubes chacun) ; on a ſoin de le remuer auparavant avec le bouloir pour diſtribuer la chaux dans toute la maſſe d'eau.

22.

22. Trois ou quatre jours après, on retire les cuirs du plein pour les mettre en retraite; pour cela on se sert d'une tenaille à deux branches, qui a quatre à cinq pieds de long, & on les jette sans distinction les uns sur les autres, sur un terrein incliné, d'où l'eau de la chaux en s'égouttant puisse retourner dans le plein : il seroit encore plus utile de les étendre & de les ranger exactement les uns sur les autres, pour mieux distribuer la chaux; mais on néglige communément cette précaution. Sans cette opération de retraite, l'eau gonfleroit trop les cuirs, & la chaux trop délayée n'agiroit pas assez sur leur substance. Après trois à quatre jours de retraite, les cuirs retournent dans le plein pour un pareil espace de temps, & toujours alternativement pendant le cours de trois semaines; ainsi quand on dit que des peaux de moutons exigent trois semaines de plein, on suppose toujours cette alternative, ensorte que pendant la moitié de ce temps elles aient été mises en retraite; car elles ne se travaillent pas moins dans cet état, que lorsqu'elles sont réellement dans le plein. On voit en *E* l'action de celui qui met les cuirs en retraite; les pinces dont il se sert sont représentées séparément en *L* dans le bas de la Planche.

23. Quoique nous disions que le plein doit durer trois semaines, rien n'empêche de le prolonger davantage, pourvu que l'eau de chaux ne soit pas bien forte; on en laisse souvent pendant sept à huit mois dans des pleins-morts sans qu'ils soient gâtés; il est vrai cependant qu'à la longue la peau *piétrit*, devient un peu trop molle, & perd de sa qualité. Les Mégissiers voudroient avoir un moyen de retarder l'ouvrage à volonté sans aucun inconvénient; mais ils passent là-dessus, lorsque les circonstances l'exigent; s'il survient plus de peaux dans des temps de mortalité qu'on ne peut en passer, on est obligé de les laisser dans le plein.

24. Le plein qui a passé quatre cents peaux, n'est pas épuisé; il peut servir une seconde & même une troisieme fois; mais alors il faut beaucoup plus de temps, à moins qu'on n'y ajoute une certaine quantité de chaux nouvelle.

Il arrive aussi qu'en levant des peaux déjà à peu près passées, on en met de nouvelles au fond du plein, pour replacer les autres au dessus.

Ainsi un boisseau de chaux bien comble, peut faire deux cents peaux de boucherie, & quatre cents peaux déjà pelées à la premiere fois qu'il sert; il peut à la seconde fois servir encore à *rafraîchir* deux cents cuirets de boucherie, dont on a ôté la laine, c'est-à-dire, empêcher qu'ils ne se corrompent : il faut encore ajouter un boisseau & demi, pour repasser les mêmes cuirets dans le plein, au moyen de quoi la chaux prend peu à peu. C'est la même opération pour les cuirs blancs & pour les parchemins.

Lorsqu'il y a trop long-temps que le plein travaille, & qu'il commence à se remplir, on a soin de le curer, d'enlever le sédiment terreux qui reste dans le fond, d'y mettre de l'eau & de la chaux toute nouvelle.

25. Le cuir du Berry étant plus délicat & plus fin, il lui faut moins de plein qu'à celui des autres Provinces; du reste on gouverne sur le plein en Berry comme dans la Champagne & aux environs de Paris.

Les cuirs de Veaux quoique plus épais & plus denses que ceux de Moutons, n'ont pas besoin de rester plus long-temps dans le plein; cependant tout cela dépend des circonstances du temps & de la qualité des cuirs: on peut préparer du vélin avec huit ou douze jours de plein dans un temps doux, sur-tout si l'on veut lui conserver de la force.

Les cuirs de Veaux destinés à faire des tambours, les cuirs de Porcs dont on fait des cribles, exigent moins de plein; huit jours suffisent au lieu de quinze, parce que le plein attendrit la peau, & que les tambours ont besoin de conserver toute leur force.

Il est assez difficile de bien connoître à la vue si les cuirs ont assez de plein, à moins qu'on n'ait beaucoup d'expérience; mais ordinairement quand la chair peut s'enlever avec l'ongle, on juge que les cuirs sont assez faits.

On sent assez que les cuirets de différentes grandeurs & de différents âges ayant plus ou moins de force, doivent être plus ou moins sensibles à l'action du plein, plus ou moins susceptibles d'être attaqués par la chaux: les Mégissiers qui jettent pêle-mêle les jeunes ânelins & les vieilles brebis, ont presque toujours des parchemins qui se déchirent sur la herse, parce qu'ils sont brûlés, ou qui n'étant pas faits, sont extrêmement difficiles à écharner.

26. Les délais que nous avons assignés à chaque opération, dépendent nécessairement de la force de la chaux, de celle des cuirs, de la saison & des autres circonstances particulieres: on peut les abréger beaucoup, si l'on est pressé, & que l'on veuille forcer l'ouvrage; par exemple, le chef-d'œuvre des Mégissiers à Paris consiste à passer en laine une peau prise chez le Boucher, & à la rendre toute prête dans les vingt-quatre heures, les gants à la main; on supplée alors par un grande nombre de façons, à la briéveté du temps. Le Parcheminier pourroit de même, en employant une chaux plus vive, & se servant du fer à recasser, préparer une feuille de parchemin dans les vingt-quatre heures (56).

27. Pour ce qui est des effets de la chaux, elle fait enfler, pénetre & dégraisse les peaux; on connoît assez son action corrosive sur les substances animales; elle les attendrit à la surface, & les dispose à être écharnées plus facilement; mais quant à la substance des cuirs, la chaux sert à les durcir, en desséchant les fibres, & leur donne cette force, cette roideur qui distingue le parchemin des autres sortes de peaux. C'est par la même

raiſon, que les cuirs forts, deſtinés à être tannés, reſtent un an ou quinze mois dans le plein : ils y acquierent de la dureté; ſi l'on mettoit de la chaux trop vive, ou en trop grande quantité, elle épaiſſiroit, deſſécheroit, & brûleroit le cuir.

En général, la chaux a la propriété de durcir extrêmement certains compoſés dans leſquels elle entre, tel eſt le mortier qui ſe fait avec la chaux & le ſable. *Becher* nous raconte qu'il étoit parvenu à faire un compoſé de chaux & de fromage, qui avoit preſque la dureté du diamant : l'eau de chaux s'emploie également dans les raffineries de ſucre, pour lui donner du corps; c'eſt peut-être de même qu'elle durcit le parchemin.

On pourroit cependant, à la rigueur, préparer des peaux, les tendre, les écharner, les raturer, les poncer, ſans qu'elles euſſent paſſé par la chaux; mais le parchemin qui en réſulteroit, ne ſeroit point d'une belle couleur; il auroit trop de tranſparence; il ſeroit graiſſeux, ſujet à être attaqué de la pourriture & des vers; & le travail en ſeroit conſidérablement plus long.

Brocher les Peaux ſur la herſe, & écharner.

28. Avant que de parler du travail de la herſe, il eſt néceſſaire d'expliquer les noms par leſquels ſe déſigne chaque partie d'une peau, ou d'un cuir, parmi les Mégiſſiers.

La partie *a* (*fig* 1.) s'appelle la tête du cuir; c'eſt proprement le cou du mouton, auquel pend une partie de la peau de la tête & des oreilles; la tête du cuir en eſt la partie la plus épaiſſe & la plus forte.

b b, ſont les collets qui répondent aux épaules du mouton, de chaque côté de la tête.

c c, ſont les pattes des collets, ou les pattes de devant.

d d, indiquent les briſets; cette partie de la peau qui dans l'animal vivant, ſe trouve placée ſous les aiſſelles, eſt plus mince que tout le reſte, parce qu'elle eſt ſans ceſſe diminuée par le frottement, maintenue dans une douce chaleur, & garantie du contact de l'air qui durcit la peau.

e e, ſont les boudines qui répondent au deſſous du ventre dans ſa partie ſupérieure; cette partie eſt plus épaiſſe que les briſées : les boudines ſignifient proprement le prépuce du mouton.

ff, marquent les *tétines*, c'eſt-à-dire la région des mammelles, qui ſont ſituées à la partie inférieure du ventre.

gg, pattes de la culée; ce ſont les pattes de derriere.

h, la *culée*, à laquelle on voit encore attachée la queue de l'animal.

29. Lorſqu'on retire les peaux du plein, on les paſſe dans l'eau courante pour en ôter toute la chaux; ce lavage qui revient plus d'une fois dans le travail du Mégiſſier, eſt répréſentée en *A* une fois pour toutes dans la *Planche I.*

Il s'agit ensuite de tendre chaque peau, de maniere qu'elle seche sans se racornir, & puisse se travailler aisément; on se sert pour cet effet, d'un cercle ou d'une herse. Les cercles ont cinq à six pieds de diametre; ils sont formés, comme les cercles de tonneaux, d'un bâton de chêne auquel cependant on conserve toute sa rondeur : ces cercles occupent moins de place, & coûtent moins que les herses; mais ils ne tendent pas le parchemin avec autant d'exactitude; on ne s'en sert point dans le Berry, & ils sont insuffisants pour le vélin, qui exige bien plus de force.

La herse des Mégissiers est un cadre ou chassis de bois, d'environ cinq pieds de long sur quatre de large, dont les quatre côtés sont garnis de chevilles grosses comme le pouce. Les deux montants de la herse sont un peu plus longs que les traverses horizontales, afin que les chevilles inférieures soient environ à un pied de terre.

30. Pour tendre la peau sur la herse, on passe des chevilles ou brochettes dans la peau, en y faisant quatre trous à chaque endroit, où l'on met une brochette; une ficelle qui embrasse la brochette par dessous, va s'envelopper sur la cheville que l'on tourne pour tendre la peau sur cette herse : dans le Berry, on passe les ficelles en dessous de la herse; à Troyes, on les met sur le devant. On passe ainsi dix-huit ou vingt brochettes dans les bords d'une peau, savoir, dans la tête, les collets, les pattes des collets, les brisets, les boudines, les tétines, les pattes de culée & la culée; la brochette de la tête ou de la têtiere doit être plus longue que les autres, & passer dans six à huit trous, pour l'étendre plus exactement, parce que cette partie de la peau qui est la plus forte, a besoin d'une plus forte tention; cette brochette du collet est prise par ses deux extrémités, & tient à deux chevilles différentes, à cause de sa grandeur.

Les autres brochettes qui prennent tout le tour de la peau, sont tendues chacune à une des chevilles de la herse, en haut ou en bas, à droite ou à gauche; ces chevilles entrent dans la herse à frottement dur, & elles ont une tête quarrée, au moyen de laquelle on les tourne, ou avec la main, ou avec une clef de fer qui entre sur la tête de la cheville.

Nous avons dit que les brochettes étoient prises par dessous, c'est-à-dire, à l'envers, par la boucle de la ficelle; cette précaution est nécessaire pour faire retourner la brochette en arriere, & ressortir la peau en avant, afin que le fer ne trouve pas des cavités dans la peau. Il y a aussi une attention essentielle à avoir pour les brochettes qui tiennent les pattes de la peau; c'est de les replier sur chaque extrémité de la brochette, de maniere que la brochette soit entiérement enveloppée par la peau, & que la ficelle qui prend chaque extrémité de la brochette, prenne aussi la peau dont elle est recouverte; par ce moyen la patte est mieux tendue, & ne se rabat point en se fronçant vers le milieu; c'est ce qu'on voit exprimé séparément en

T,

T (Pl. I) où nous avons détaché une brochette, avec sa ficelle & sa cheville, pour les rendre plus sensibles. On emploie communément dix-sept brochettes, quelquefois vingt; un plus grand nombre feroit encore mieux : on doit observer du moins que chaque brochette embrasse le plus d'espace qu'il est possible; qu'elle entre bien juste & avec un peu de force dans les trous où elle passe, afin que la peau ne se fronce pas en glissant sur la brochette. Ces attentions sont essentielles, parce que les endroits de la peau qui sont mal tendus, ne peuvent pas s'écouler, & ne deviennent jamais blancs.

L'usage est de tendre les peaux en long plus qu'en large; la forme qu'exige l'usage ordinaire du parchemin dans le commerce, devant être alongée : il y a des Provinces où l'on tend plus en large; on y trouve l'avantage de diminuer l'arrête ou épaisseur qui regne sur le milieu de la peau le long des vertebres du dos, & qui rend cette partie très-différente du reste.

31. La peau étant donc tendue sur la herse qui est représentée dans la *Pl. I*, l'ouvrier prend un fer à écharner; c'est une lame de six pouces en quarré, qui se termine en bizeau des deux côtés : elle est un peu arrondie par son tranchant, & le fil ou plutôt le morfil est retourné ou rabattu d'un côté avec un pistolet ou outil d'acier, que l'on voit en *S* dans la *Pl. II*.

Ce fer est tenu perpendiculairement à son plan par un manche de bois, ainsi qu'il paroît en *E*, *Planche II*. On prend ce manche à deux mains; on appuie fortement & perpendiculairement sur la peau, en frottant du haut en bas; la charnure s'enleve ainsi de dessus la surface entiere de la peau, au moyen de ce que le fil du tranchant est retourné. Le fer à écharner est peu tranchant lorsqu'il s'agit du parchemin ordinaire, parce que le panicule charnu qu'il doit enlever est peu adhérant à la peau : ce n'est que le tissu cellulaire & l'enveloppe de la graisse. On met la charnure de côté, ou on la laisse pendre à la peau, pour augmenter la quantité des rognures dont on fait ensuite de la colle (*65*).

L'action, le mouvement & l'attitude de celui qui écharne, sont les mêmes que celles du Ratureur dont on parlera dans les articles 37 & 38; ainsi nous avons cru inutile de les figurer séparément : on jugera donc de celui qui écharne, en voyant dans la *Pl. II*, celui qui rature en *A*. Le fer à raturer se voit au bas de la Planche en *E*; les lames & les manches de différentes grandeurs sont représentés en *e* dans le bas de la Planche, & ils ont à peu près la même figure que les fers à écharner.

Cependant le fer à raturer dont nous parlerons (art. 38) a besoin d'être d'un meilleur acier que le fer à écharner, parce qu'on en rabat ſans ceſſe le morfil, & que d'ailleurs il doit couper net (37).

Le fer à écharner de certains Mégiſſiers eſt beaucoup plus arrondi; il a la figure d'un demi-cercle *X* (*Pl. I*), & il ſe termine par une languette qui entre dans le manche.

32. Le fer à écharner ſert en même temps à exprimer l'eau de chaux qui étoit reſtée dans la peau, ce qu'on appelle *écouler* ou *récouler*; & pour cela on le paſſe également ſur le dos, c'eſt-à-dire, ſur le côté de la laine, que les Mégiſſiers appellent *la fleur* : il n'y a rien à écharner de ce côté-là; mais le fer ſert à enlever les ordures, & à écouler la peau du côté de la fleur. Dans cette opération qu'on appelle *édoſſer* ou *doſſoyer*, on a ſoin de retourner le fer, enſorte que le fil ſoit en haut, & ne puiſſe pas couper ni effleurer la peau. On peut ordinairement faire cinq à ſix peaux dans une heure; c'eſt-à-dire les tendre & les écharner : car c'eſt ce qu'on appelle *faire le parchemin*, parce que c'eſt en effet la principale opération.

33. Le vélin doit être poncé ſur la herſe, après avoir été écharné; pour cela on prend de la craie blanche réduite en poudre, telle que le blanc de Troye, ou même de la chaux qui ait été bien éteinte, deſſéchée & pulvériſée; on en pourdre le côté de la chair, & avec une pierre-ponce qui a quatre à cinq pouces de large, & qu'on a liſſée auparavant ſur une pierre ordinaire, on paſſe & repaſſe pluſieurs fois & avec force le blanc qui ſe délaie par l'humidité de la peau dans toutes les parties : on paſſe ainſi la pierre-ponce des deux côtés; mais on n'emploie point de blanc du côté du dos ou de la fleur.

Ce travail de la pierre-ponce & de la craie ne ſe donne pas au parchemin ordinaire, du moins aujourd'hui : on le donnoit autrefois, & le parchemin n'en étoit que plus beau; c'étoit un moyen de remédier à pluſieurs autre défauts de fabrication : aujourd'hui on ſe contente, après avoir écharné & doſſoyé le parchemin, de le poudrer légérement du côté de la chair, avec de la craie la plus ſeche & la plus blanche, pour abſorber l'humidité, augmenter la blancheur; empêcher que le parchemin ne ſe terniſſe en ſéchant, & couvrir le gras qui contrarie l'écriture; on eſſuie ce blanc quand le parchemin eſt ſec. On appelle en Berry *Graſon*, ce blanc réduit en poudre très-fine; à Troye on l'appelle *Blanc de Villeloup*, du nom d'un village qui eſt à trois lieues de Troye; ailleurs on l'appelle *Blanc de Troye* : enfin il y a des endroits où l'on emploie de la chaux éteinte & pulveriſée à la place de craie.

34. La peau, après avoir été écharnée & poudrée avec du blanc du côté de la chair, reſte tendue juſqu'à parfaite ſiccité; en été il ſuffit d'une nuit ou de quelques heures de la journée; en hiver, il faut quelquefois pluſieurs jours. On doit tenir les peaux à l'abri des injures du temps;

ſi elles gelent ſur la herſe, le parchemin devient crud, cartoneux, & l'on y écrit difficilement; ſi le ſoleil y donnoit, il y produiroit une criſpation qui peut aller juſqu'à la rupture; la pluie y cauſeroit des taches ineffaçables (51).

Dans les chaleurs de l'été, on eſt obligé de le mouiller avec une peau ou un linge; lorſque l'eau a pénétré, on *rebande* la peau en tournant les chevilles; ſans cette précaution il ſe rideroit ſur la herſe, ſe boſſéleroit, & ne ſeroit jamais plan & uni: ce travail lui donne même une qualité.

35. Lorſque le parchemin eſt ſec, on doit ôter le blanc, à moins qu'on ne veuille le laiſſer afin d'augmenter le poids: pour reſſuyer la peau, on ſe ſert quelquefois d'une peau en laine, avec laquelle on frotte le parchemin; mais il eſt dangereux d'en arracher des filandres.

En Berry, on prend un effleuroir, qui eſt une peau d'agneau radoucie avec laquelle on paſſe légérement ſur la peau, pour en ôter le graſon, ou blanc, mais de maniere à ne point lever les chairs; car il s'en détache facilement comme de petits filets qui empêchent qu'on ne puiſſe écrire deſſus. Au reſte ce blanc n'eſt qu'un correctif pour les peaux mal façonnées; on devroit s'en paſſer; on ne l'emploie point à Provins, quoiqu'on y ait fait autrefois de très-beau parchemin.

36. Le parchemin étant bien ſec, on le coupe tout autour, le plus près des brochettes qu'il eſt poſſible; toute la circonférence qui étoit percée par les brochettes, arrêtée par les ficelles & chargée de la charnure, reſte ſur la herſe, juſqu'à ce qu'on ait beſoin d'y brocher une autre peau: alors on trouve chaque brochette à ſa place, & l'on n'a pas la peine de les chercher ou de les choiſir; on ſe contente de les retirer de cette bordure de parchemin, ou rognure qui étoit reſtée ſuſpendue à la herſe; c'eſt delà qu'on appelle *Colle de brochette* parmi les Papetiers, celle qui eſt faite des rognures de Mégiſſiers (52).

Le parchemin ſec & ſortant de deſſus la herſe, a ordinairement quelques pouces de plus que la peau de mouton qu'on y a employée; il eſt plus mince, plus blanc, plus flexible, moins gras, moins tranſparent: telles ſont les propriétés que le travail décrit ci-deſſus a données à la peau; voyons actuellement ce qui lui manque pour être propre à l'écriture.

On reconnoît quelquefois, après que le parchemin a ſéché, qu'il eſt gras, ce qui le rendroit fort défectueux; dans ce cas il s'agit de le dégraiſſer: on le débroche, ſans le couper; on le rature du côté de la laine dans tous les endroits où la graiſſe eſt répandue; on le met tremper dans l'eau pendant quatre à cinq jours; on le foule pour l'amortir; on le jette dans un bon plein frais; au bout d'une quinzaine de jours, il doit être retiré de la chaux, étendu ſur la herſe, égoûté ſur fleur & ſur chair; la graiſſe en ſortira, & le parchemin ſe trouvera d'une très-bonne qualité : le canepin qui retient la graiſſe entre fleur & chair, étant emporté par le raturage, la graiſſe ſe trouve à découvert, & la chaux l'emporte aiſément. Cette méthode ſouvent très-utile, n'eſt point connue de nos Ratureurs à Paris.

Raturer.

37. Le parchemin façonné ſur le cercle ou ſur la herſe, a beſoin, pour l'uſage de l'écriture, d'être raturé avec un fer tranchant qui en enleve la ſurface extérieure; & c'eſt ici où commence le travail des Parcheminiers de Paris, qui tirent leurs peaux de la province toutes prêtes à raturer.

Le parchemin raturé devient plus mince, plus uni, plus clair, plus blanc; la laine ou le poil qui peuvent y être reſtés, de même que la plupart des taches qui ſont purement ſuperficielles, diſparoiſſent ſous le fer à raturer : la graiſſe qui eſt ſouvent fixée par grumeaux dans la premiere ſuperficie, eſt enlevée; les échimoſes ou épanchements de ſang y deviennent moins ſenſibles, auſſi bien que les impreſſions de la chaux : il devient plus beau à tous égards.

38. Le fer à raturer eſt de la même forme que le fer à écharner dont nous avons parlé ci-deſſus (31) : mais il eſt plus gros, plus large & plus tranchant; il doit être peu courbé, pour ne pas piquer le parchemin; il doit avoir le fil rabattu du haut en bas; pour cela on ſe ſert à tout moment du piſtolet, qui eſt une piece d'acier arrondie & emmanchée, que l'on paſſe lentement & avec force ſur le fil, pour le rabattre & le retourner, de maniere qu'il puiſſe mordre ſur le parchemin, ſans le percer de part en part; le piſtolet ſe voit en *S* (*Pl. II*), au deſſous du fer à raturer.

On eſt auſſi obligé de repaſſer le fer tous les jours une ou deux fois ſur la pierre à adoucir, & de l'éguiſer à neuf ſur une meule au bout de deux à trois jours : on ſe ſert alors pour le ſaiſir, d'un outil qu'on appelle improprement *Affiloir*, & qui n'eſt qu'une eſpece de pince par laquelle on le tient plus commodément qu'avec ſon manche.

Le Ratureur place ſa peau ſur une herſe qui eſt un peu différente de celle du Mégiſſier; elle eſt compoſée de quatre pieces de bois, aſſemblées à tenons & à mortaiſes, dont le poids ſeul eſt capable de donner à la herſe l'immobilité qui lui eſt néceſſaire. Ce chaſſis porte un cuir de veau qui n'a point paſſé à la chaux, & qui eſt tendu fortement avec des clouds ou avec des ficelles; ce cuir s'appelle *Sommier.* La herſe du Ratureur, *D* (*Pl. II*) differe de la herſe du Mégiſſier, repréſentée dans la Planche I, en ce que celle du Ratureur n'a pas beſoin du grand nombre de chevilles tournantes que nous avons marquées dans la premiere; le ſommier que porte

porte la herſe du Parcheminier, eſt tendu fixement & à demeure avec de petits clous, ou avec des ficelles; il ne ſert que pour ſoutenir les peaux ſous le fer du Ratureur : on le recouvre quelquefois d'une autre peau appellée *Contre-ſommier.*

On fait auſſi quelquefois une couche ſur la herſe avec une demi-douzaine de peaux : *faire une couche*; *travailler ſur couche*; *travailler en couche*, c'eſt mettre ſur la herſe ou ſur le chevalet, un certain nombre de peaux pour faire un fond doux & rebondiſſant, empêcher les plis & la réſiſtance que le fer peut rencontrer, & qui feroient couper la peau.

39. Alors on arrête la peau, la culée en bas ſur le haut de la herſe, au moyen du *gland* ou *mordant* : c'eſt une piece de bois *d* ou eſpece de mâchoire, dans laquelle il y a une entaille de trois à quatre pouces de profondeur, & dont les deux côtés ſont garnis de peau; elle eſt faite de maniere à n'embraſſer que l'épaiſſeur de la herſe, avec la peau qu'on ſe propoſe de raturer.

Le Pareur que l'on voit en *A* (*Pl. II*), enleve d'abord avec un couteau les plus fortes inégalités, les parties trop ſaillantes ou trop dures qui gâteroient le fer & qui arracheroient la peau; il prend enſuite ſon fer, & le tenant des deux mains, perpendiculaire à la herſe, ou le tranchant un peu dirigé vers le haut, il rature obliquement, en allant de haut en bas, & en avançant auſſi de droite à gauche.

Il paſſe pluſieurs fois ſur les endroits les plus épais, une ſeule fois ſur ceux qui ſont plus minces; il enleve de deſſus la ſurface de cette peau des ratures qui ont ſouvent un pied de long, & preſque deux pouces de large; ces ratures ſervent à pluſieurs uſages, comme nous le dirons art. 65.

On ne rature ordinairement que le côté du dos; celui de la chair n'a pas beſoin de cette préparation, & la peau deviendroit trop mince, ſi on la raturoit des deux côtés : cela gâteroit même le côté de la chair.

Un homme peut raturer dans un jour deux ou trois bottes de peaux d'une grandeur moyenne, c'eſt-à-dire, de huit à neuf livres; les autres à proportion, ſix bottes de quatre livres, quatre douzaines ſeulement des peaux qui peſent douze livres la botte.

La tête de la peau eſt ſouvent graſſe, gommeuſe, raboteuſe; elle ſe gratte plutôt qu'elle ne ſe coupe; on eſt obligé d'en enlever beaucoup plus que ſur le reſte de la peau, & cette partie n'eſt jamais d'une bonne qualité pour l'écriture.

Le fer à raturer prend plus difficilement ſur le parchemin qui a été gelé; il eſt cartoneux, roide & comme empeſé; de même ſur celui qui a été mouillé & reſéché, parce qu'il eſt plus dur : voilà pourquoi on mouille pluſieurs fois les peaux de tambours; cette précaution rend la peau beaucoup plus forte.

Il y a au bas de la herſe une planche éloignée d'un demi-pouce ſeulement, de la traverſe inférieure; on gliſſe dans leur intervalle le fer à raturer lorſqu'on ne s'en ſert pas; on voit cette couliſſe en *m m* au bas de la herſe, dans la partie inférieure de la *Planche II.*

Poncer le Parchemin.

40. Le parchemin, après avoir été raturé, conſerve ſouvent des inégalités que le fer n'a pu enlever, comme nous l'avons remarqué dans l'article 39, des parties éraillées, des duretés, des parties graiſſeuſes; on ſe ſert, pour y remédier, de la pierre-ponce, en latin *pumex*. Cette matiere qui ſe trouve ſouvent dans la mer, ſur-tout en Sicile & dans le Comté de Nice, paroît être un débris de pierres vitrifiées par des feux de Volcans : les Epiciers la font venir & la débitent à Paris. On emploie en Médecine la pierre-ponce comme deſſicative; on s'en ſert dans les Arts pour commencer à adoucir le cuivre & l'étain, parce que le grain en eſt fin, & produit le même effet que de la pierre dure réduite en poudre, ainſi que la poudre de diamant ſert pour polir les diamants mêmes. Il y a des pierres-ponces rouges, griſes & blanches; les blanches ſont les plus fines, les plus douces, & l'on s'en ſert pour le parchemin.

Les Parcheminiers trouvent dans la pierre-ponce un grain fin, avec une dureté & une aſpérité ſuffiſante pour emporter les inégalités de la peau, & lui donner la douceur néceſſaire à l'écriture; ils emploient auſſi une pierre, qu'on appelle à Paris *Pierre de liais*, pour dégraiſſer de temps en temps la pierre-ponce, & l'uſer en détachant les particules du parchemin qui peuvent y être engagées. Le nom de *Pierre de liais* eſt celui que l'on donne dans nos carrieres des environs de Paris, à certains bancs de pierre pleine & dure, qui ſont placés à une profondeur moyenne; on peut voir à ce ſujet *Felibien*, où il eſt parlé aſſez au long des carrieres.

La *ſelle* à poncer eſt un banc de trois pieds de long ſur un de large, couvert d'un parchemin, rembourré par deſſous avec la bourre (19), afin de prêter à l'action de la pierre-ponce, & de la faire porter dans toute ſa ſurface; on fait une couche comme nous l'avons dit art. 38; on étend le parchemin ſur la ſelle à poncer; on la frotte en tout ſens avec la pierre-ponce, du côté du dos ou de la fleur, qui eſt ordinairement le plus rude; le côté de la chair a rarement beſoin d'être poncé; le fer lui donne aſſez de douceur en emportant ſes inégalités.

On peut poncer ſept à huit bottes de petites peaux par jour, (la botte étant toujours de trente-ſix peaux) & quatre bottes de grandeur plus conſidérable, par exemple, de dix à douze livres.

Cette opération eſt différente de celle dont nous avons parlé art. 33, où l'on emploie auſſi la pierre-ponce, mais qui ſe fait ſur la herſe, du moins pour le vélin. Il ſeroit à ſouhaiter que tout le parchemin fut poncé à mol de fleur & de chair; il n'en ſeroit que plus beau & plus uni. On ſe diſpenſe communément, pour plus de célérité, de poncer de chair ſur la herſe; mais le Ratureur doit poncer de dos & de chair à proportion que la peau en a beſoin.

Les pierres-ponces doivent être choiſies avec ſoin, ſi l'on veut avoir du parchemin doux & uniforme : il ſe trouve de ces pierres où il y a des pointes de matiere dure comme du verre, qui n'ont ni la poroſité, ni le grain, ni la fineſſe néceſſaires pour le travail que nous venons de décrire, & qui gâtent tout à fait le parchemin ; c'eſt delà que vient la différence entre le beau vélin de Strasbourg propre à deſſiner & à peindre, ou celui des mauvais Ratureurs : il n'y a point d'autre ſecret pour ſa préparation.

Mettre les Pieces ou les Mouches.

Il arrive très-communément, lorſqu'on deshabille un mouton, ou lorſqu'on travaille une peau ſur la herſe, qu'on y faſſe des trous; mais cela n'empêche point l'uſage ordinaire du parchemin : on bouche ces trous avec beaucoup de facilité, en y appliquant une piece de parchemin.

Ces pieces qu'on appelle auſſi des *Mouches*; étant coupées de figure & de grandeur convenable, de maniere à excéder un peu la largeur de l'ouverture que chacune doit fermer, on les rature tout autour avec un couteau bien tranchant, pour les affoiblir ſur les bords; on place la peau ſur une platine de marbre ; on garnit tout le tour de l'ouverture avec de la gomme arabique, qui eſt la gomme la plus uſitée dans le commerce, la mouche étant appliquée ſur le trou, on frotte ſur le tour de cette piece un appuyant fortement au moyen d'un petit marteau de fer; quelquefois on y frappe de petits coups pour unir encore mieux la mouche avec le parchemin; on laiſſe ſécher cette mouche, & le trou eſt ſuffiſamment bouché.

La gomme, l'humidité, la preſſion, la colle naturelle du parchemin uniſſent tellement les pieces ainſi collées avec le reſte de la feuille, que l'humidité même ne les détache que rarement; cela arrive cependant, & dans la bonne regle on ne devroit point employer les mouches dans le parchemin deſtiné à écrire des actes de quelque importance. On couvre avec du blanc de craie réduit en poudre très-fine toute la partie qui a été gommée, afin de ſécher plus vîte la gomme, d'abſorber l'humidité, de faciliter l'écriture.

43. Lorſqu'il s'agit d'un parchemin que l'on deſtine à être mis en couleur, on délaie la gomme avec un peu de la même couleur, parce que la couleur prendroit difficilement ſur la partie gommée : le verd eſt la couleur la plus ordinaire ; nous en parlerons art. 66.

En Normandie, il y a des Parcheminiers qui ſe ſervent de blancs-d'œufs pour appliquer les mouches, & qui étendent encore ſur chacune un *canepin*, c'eſt-à-dire, une pellicule très-fine détachée de la peau; la mouche étant fort amincie, peut être ainſi redoublée d'un canepin, ſans qu'il paroiſſe plus d'épaiſſeur que dans le reſte de la peau.

Du Vélin en particulier.

44. Nous avons dit preſque en commencant (4), que le vélin étant formé avec la peau de veau, étoit plus difficile à travailler, mais auſſi plus blanc, moins ſujet à jaunir avec le temps, plus uni & plus clair; les Peintres en font un uſage fréquent : le côté de la chair ſert pour les Peintres en mignature, & le dos pour les Peintres en paſtel, lorſqu'ils ſe ſervent du vélin.

Dans le veau, la plus grande épaiſſeur de la peau eſt ordinairement ſur les côtés, au lieu que le mouton a la peau plus forte ſur le dos; on a ſoin, en écharnant la peau, de ſaire attention à cette circonſtance.

On emploie pour le vélin des veaux de tout âge, depuis huit jours juſqu'à ſix ſemaines; ceux qui vont au-delà, ſont trop forts pour le vélin; on préfere de les employer aux uſages de la tannerie. Comme aux approches du carême on tue beaucoup de veaux, on en a alors de plus jeunes & en plus grand nombre que dans le reſte de l'année, & l'on en profite pour faire du vélin.

45. Le veau, après avoir été en chaux & pelé, devroit être recaſſé une ſeconde fois, c'eſt-à-dire, tremper dans le cuvier, & ſe travailler ſur le chevalet; il ſeroit moins difficile à écharner; il ſeroit moins verd & moins caſſant. Le *fer à recaſſer* eſt un couteau courbé en arc, tel qu'on le voit en *H*, (*Pl. I*) garni de deux poignées de bois, dont la lame n'eſt point tranchante; il ſert à peler le veau ſur le chevalet, & à recaſſer les peaux en laine pour les amortir, les rétaler & leure faire prendre l'humidité (9); c'eſt cette opération qu'il ſeroit utile de faire ſur le veau une ſeconde fois.

Le vélin demeure quelquefois dans la chaux & dans le plein, la moitié moins que le parchemin : lorſqu'on le deſtine à faire des peaux de tambour, on ne doit point l'écharner; cela diminue trop de ſa force & de ſon épaiſſeur.

46. Au lieu d'écharner le veau à mol, il y a des Mégiſſiers qui penſent qu'on devroit le laiſſer ſécher, le raturer une premiere fois, le remouiller enſuite afin de pouvoir le fouler; enfin le brocher une ſeconde fois ſur la herſe pour y ſécher. Il paroît que cela ſeroit utile pour adoucir le vélin; mais comme la manipulation en ſeroit fort alongée, il n'y a point d'apparence qu'on ſe détermine jamais à l'adopter. Dans l'uſage ordinaire le vélin doit être écharné bien au vif, avec un fer tranchant que l'on appuie

appuie avec force, & dont le fil eſt retourné vers le bas par le moyen du piſtolet, comme nous l'avons dit en parlant du fer à raturer (38); on met auſſi du blanc de craie ſur le fer, pour qu'il gliſſe moins ſur la peau, & qu'il en abſorbe l'humidité.

On ne travaille le beau vélin que dans les temps doux & dans les ſaiſons moyennes, depuis le milieu d'Avril juſqu'au milieu de Mai, & depuis le milieu d'Août juſqu'au milieu de Septembre.

On ne peut gueres brocher & écharner que huit peaux de vélin dans une journée, tandis qu'on en peut faire quatre douzaines, lorſqu'on travaille du mouton; le vélin étant beaucoup plus grand, plus fort, devant être écharné au vif, & paſſé à la pierre-ponce, il n'eſt pas étonnant qu'il y faille un temps conſidérable.

47. Les veaux qui ont le poil blanc, font le plus beau vélin; ceux qui ont le poil rouge, ſont auſſi préférables aux noirs; s'ils ſont marqués de différentes couleurs, la différence paroîtra ſur le vélin, ou bien il faut écharner bien au vif pour la faire diſparoître; encore en apperçoit-on des veſtiges au tranſparent du vélin, ſur-tout quand la peau s'eſt trouvée n'être pas bien épaiſſe.

Le vélin le plus beau & le plus recherché eſt celui qui eſt fait de la peau d'un fœtus, lorſqu'à la boucherie on a tué une vache qui étoit pleine: on les appelle des *Velots.* Les Bouchers on foin, d'apporter les peaux auſſi-tôt que l'animal eſt deshabillé; ſi elles ſéchoient avant d'être travaillées, on ne pourroit plus en dégorger le ſang, & elles perdroient toute leur beauté. Auſſi-tôt que le Mégiſſier a reçu une peau de velot, il la doit laver & dégorger ſur le chevalet, avec le fer à recaſſer; il la met encore tremper l'eſpace de quelques heures dans l'eau; il la fait dégorger une ſeconde fois ſur le chevalet, & dans cet état on peut la mettre en chaux; mais il faut beaucoup moins de temps que pour le vélin ordinaire; cinq à ſix jours pour peler, & autant pour le plein, ſuffiſent à cette belle eſpece de vélin; on doit auſſi y employer une belle eau de chaux bien pure & bien claire.

Les velots exigent beaucoup plus d'attention dans le travail que les peaux ordinaires; on doit prendre garde que le couteau n'ait des dents ou de petites inégalités qui puiſſent effleurer les velots; on les pele ſur une couche de peaux, c'eſt-à-dire, que l'on garnit le chevalet de cinq à ſix autres peaux, avant d'y mettre le velot qu'il s'agit de peler, comme nous avons dit que cela ſe pratiquoit pour poncer le parchemin.

40. Les peaux de veau coûtent dans la Champagne environ vingt ſols lorſqu'elles ſortent de chez le Boucher, & quarante quand elles ſont préparées en vélin: lorſqu'elles ſont ſans défaut, le prix en augmente conſidérablement à Paris; les Marchands y profitent de la défenſe qu'il y a de

les acheter de la premiere main, & les vendent jusqu'à cinq à six livres; mais il est extrêmement rare de trouver des peaux qui soient absolument parfaites : les Bouchers, en les deshabillant, y font presque toujours des *coutelures*; ce sont des coups de couteau qui effleurent la peau, quelquefois jusqu'à la moitié de son épaisseur (51).

Des défauts qui peuvent se trouver dans le Parchemin.

49. Quoique, sous chaque Article, nous ayons parlé des défauts auxquels chaque opération est exposée, il ne sera pas inutile de les rassembler sous un seul point de vue, en y ajoutant d'autres circonstances qu'on n'a pas eu occasion de remarquer.

Le premier défaut vient de la nature même de l'animal, dont la peau sert à faire le parchemin : les moutons dont la laine est naturellement noire ou fort brune, font quelquefois du parchemin qui conserve une teinte de la même couleur; si ces peaux sont minces, les racines de la laine y laissent une impression de noir, & la peau ne pouvant être raturée à fond, le parchemin ne sauroit être d'un beau blanc : il vaut mieux réserver ces peaux pour d'autres usages; elles peuvent être employées en peaux blanches; l'apprêt qu'on leur donne efface totalement la teinte noire que le travail du parchemin n'auroit pas enlevée.

Les moutons sont sujets à des maladies qui se terminent par éruption, & qui affectent le tissu de la peau. On appelle ordinairement *clavelée* ou *clavot*, & dans la Champagne *claviot*, une maladie épidémique, semblable à la petite vérole, dont les moutons sont attaqués, & dont ils meurent quelquefois dans les trente jours, si la matiere ne perce pas. On ne perd pas les peaux des animaux morts de la clavelée; mais elles sont tachées jusques dans l'intérieur, & il est impossible d'en tirer jamais un parchemin qui ait de la blancheur; on s'en sert néanmoins, même pour écrire, dans les choses de peu de conséquence. Les moutons sont aussi attaqués quelquefois de la gale : maladie assez connue, qui sans être aussi dangereuse que la précédente, ne laisse pas d'affecter le tissu de la peau, & de rendre le parchemin défectueux.

50. Les moutons qui meurent par l'abondance du sang, ceux qui n'ont pas été suffisamment saignés à la boucherie, & ceux qui par des contusions ou des blessures, ont eu des échymoses ou épanchements de sang dans le tissu cellulaire, ont la peau tachée d'un noir verdâtre qui ne peut jamais s'effacer, ce que les Parcheminiers appellent *Mort-de-sang*.

On appelle *Peau de morie*, celle des animaux qui périssent d'exténuation, & que l'on jette à la voirie, où l'on va souvent les deshabiller. Il est naturel de penser que les peaux de morie sont souvent exposées au *mort-de-sang*; d'ailleurs elles sont seches & transparentes comme du papier huilé : il n'est plus possible d'y écrire ; on n'en peut faire que des couvertures de livres.

Le *Gras* est un autre défaut qui vient de la mauvaise qualité de la graisse ; nous en avons parlé art. 36 : les parties de la peau qui en sont atteintes, ne peuvent être écharnées & raturées qu'avec peine. Ce qu'on appelle la *Gomme*, est encore à peu-près la même chose : c'est une graisse seche qui se trouve entre cuir & chair, & qui épaissit le parchemin.

51. La négligence des Bouchers occasionne une seconde sorte de défaut dans le parchemin : d'abord ce sont les coups de couteau qu'ils donnent souvent au travers de la peau ; ensuite les égratignures légeres qui y sont encore plus fréquentes ; souvent elles ne paroissent point sur la peau fraîche ; mais lorsqu'il s'agit de l'écharner ou de la raturer, elle s'ouvre, & quelquefois le fer passe tout au travers, lorsqu'on n'apperçoit pas l'endroit défectueux pour le ménager.

Les Mégissiers ont sollicité autrefois un Réglement de Police, par lequel les Bouchers fussent obligés de deshabiller au poing & avec un linge, les moutons & les veaux, pour rendre les peaux intactes, sans qu'il leur fût permis de se servir du couteau & du soufflet : car le soufflet même, quoiqu'il paroisse devoir agir sans violence, pousse le vent dans des cellules, dans des duplicatures de la peau ; la force du soufflet ne fait que l'y engager davantage, jusqu'à ce qu'il produise la rupture des parties qui lui résistent : il seroit très-utile de faire un semblable Réglement.

Si les Bouchers mettent les boyaux avec les peaux, ou s'ils n'ont pas soin d'étendre les peaux fraîches pour les faire sécher au grand air, elles s'échauffent, jaunissent, fermentent & s'attendrissent irréguliérement, ce qui produit presque toujours la rupture sous le fer ; d'ailleurs ces peaux deviennent étiques, perdent de leur épaisseur en même temps que de leur force. Delà viennent aussi les diverses inégalités de transparence, & de couleur, que nous voyons dans le parchemin. Les chiens & les chats en enlevent aussi volontiers des lambeaux qui rendent souvent une peau absolument défectueuse.

Les peaux que l'on garde long-temps, lors même qu'elles sont seches, sont très-sujettes aux vers : elles en sont souvent toutes criblées.

Les peaux se tachent aussi chez le Boucher, par la pluie, par l'humidité, par les immondices qui s'y attachent ; la fiente de poule y fait des taches ineffaçables qui produisent autant de trous lorsqu'il vient à passer sous le fer.

52. Au sortir de la boucherie, les peaux sont mises en chaux (10) : si la chaux n'est pas assez éteinte, elle les brûle ; si elle ne prend pas partout également, les parties qui conservent plus de force, arrachent les autres quand le fer vient à y passer ; celui qui pele ou qui débourre,

enleve ſouvent la fleur quand l'action de la chaux n'a pas aſſez détaché la laine ou le poil ; enfin l'impreſſion même de la chaux marquée inégalement, forme la *chaux crûe* qui ſe reconnoît par l'inégalité de transparence.

Les peaux entrent enſuite dans le plein (20) : s'il eſt trop fort & trop chaud, il brûle la peau, & la réduit à rien.

Si les cuirs ne reſtent pas aſſez dans le plein, ils ſont verds de plein, difficiles à travailler, & d'une couleur ſombre.

Si on les laiſſe trop long-temps dans le plein, ils plamment trop ; ils s'attendriſſent, & perdent de leur qualité ; l'inconvénient ſeroit encore plus grand, s'il s'agiſſoit des peaux qui doivent être paſſées en blanc, ou en chamois, ou tannées ; mais il eſt toujours vrai que, même pour le parchemin, les peaux perdent de leur qualité dans le mort-plein, par le long eſpace de temps.

53. Celui qui écharne le parchemin ou le vélin (31), enleve ſouvent trop en certains endroits, & y fait des clartés qni rendent le parchemin inégal ; ſouvent auſſi il le déchire lui-même.

Si l'on employoit, pour tendre les peaux, un plus grand nombre de brochettes, enſorte qu'elles fuſſent tendues par un plus grand nombre de points (30), l'eau s'enleveroit mieux, le parchemin ſeroit plus facile à écharner, & l'on riſqueroit moins de le déchirer.

On appelle auſſi *vitré* ou *verri*, un parchemin dans lequel il y a des clartés ou des parties plus tranſparentes que le reſte : cela peut venir de ce que la peau s'étant trouvée plus compacte dans certains endroits, elle a été moins dégraiſſée par la chaux, moins pénétrée par cette ſubſtance terreuſe, qui doit lui donner l'opacité laiteuſe qu'on exige ; ou de ce que l'eau s'y étant amaſſée, a lavé plus qu'il ne falloit certaines parties ; enfin cela peut provenir auſſi d'une partie huileuſe, dont un endroit étoit plus imprégné que d'autres.

54. La qualité de l'eau que l'on emploie dans les Mégiſſeries, influe beaucoup ſur la qualité du parchemin ; les eaux troubles & ſales le rendent terne ; les eaux de puits ſont trop crûes ou trop dures, & rendent le parchemin caſſant, & plus difficile à travailler ; on prétend que les eaux du Berry ſont les meilleures ; ſi l'on travaille le parchemin en hyver, la gelée rend le parchemin plus blanc, mais plus verd & plus aiſé à déchirer (34.

55. Si on le coupe avant qu'il ſoit ſec, il ſe couvre de moiſiſſure, ce que les ouvriers appellent *pouſſer de la barbe*, & il en réſulte des taches ſur le parchemin.

Les vieux parchemins ſeroient infailliblement attaqués par les vers, ſi la chaux dont ils ſont imprégnés, ne les en préſervoit ; auſſi trouve-t-on trouve-t-on des insectes dans ceux qui n'ont pas eu assez de chaux.

Les souris attaquent aussi le parchemin, lorsqu'il provient de gros moutons gras, dont la graisse n'a pu être exprimée & absorbée entiérement par le travail de la chaux & de la herse.

Tout ce que nous venons de dire, suffit pour donner une idée des difficultés de l'art, & des perfections dont il seroit susceptible. La maniere de commercer peut y avoir aussi quelqu'influence : autrefois le parchemin se vendoit à la botte sans égard au poids; on ne considéroit alors que la beauté & la valeur du parchemin : aujourd'hui qu'on le vend généralement au poids (67), le degré de perfection nécessaire pour pouvoir vendre, n'est plus le même qu'autrefois; on s'attache peut-être même à augmenter le poids au préjudice de la beauté de l'ouvrage. Echarner moins au vif, laisser du blanc sur la peau, rogner plus près des brochettes où le parchemin est moins blanc, parce qu'il n'est pas assez recoulé, ce sont autant de manieres d'augmenter le poids du parchemin, au préjudice de sa bonne qualité.

Maniere d'accélérer le travail du Parchemin & du Vélin.

56. MALGRÉ la longueur & le nombre des opérations que nous avons décrites, il ne seroit pas impossible d'abréger considérablement s'il étoit nécessaire; on pourroit même en été finir, dans les vingt-quatre heures, une peau de vélin prise chez le Boucher, en commençant vers les cinq heures du matin. Pour cela il faut y appliquer aussi-tôt de la chaux épaisse qui ne soit fondue que de la veille au soir, & qui soit même encore chaude; après que la chaux y a resté deux à trois heures, il faut arracher la laine, jetter le cuiret dans une enchaussomoire pendant l'espace de deux heures, le laver, & l'étendre sur la herse; & comme il est plus dur que ceux qui ont passé plusieurs semaines dans les pleins en suivant la méthode ordinaire, il faut, en écharnant, prendre une poignée de chaux éteinte qui aidera à emporter les chairs; avec un méchant cuiret trempé dans l'eau, on essuiera & on lavera la peau; il faudra ensuite la poncer & l'égoutter le plus fort qu'il sera possible, pour qu'elle soit plutôt seche; y jetter deux poignées de blanc ou de chaux éteinte, & mettre la herse en un lieu où la peau puisse sécher promptement : il y a de belles journées où une peau peut sécher en deux heures; alors on la coupe sur la herse, & il ne faut pas un quart-d'heure pour raturer & poncer, ce qui forme la derniere opération.

Dépecer & équarrir le Parchemin.

57. LES peaux étant parfaitement seches, raturées & poncées, elles sont en état d'être livrées aux Relieurs, & aux autres Artistes qui en

font uſage ; mais pour l'uſage de l'écriture, & pour les Bureaux des Fermes & des Contrôles, on le diſpoſe par feuilles, par demi-feuilles, & par quarrés, pour les formules des différentes Provinces.

On ſe ſert d'une forte planche de bois de noyer bien dreſſée, & qui ſe tranſporte à volonté, ſur laquelle on coupe le parchemin ; on a auſſi des planchettes de bois de noyer bien dreſſées & équarries, qu'on nomme *Modeles*, parce qu'ils ſont de la grandeur & de la meſure qui convient à chaque feuille ; on applique le modele ſur la peau étendue, & l'on cerne tout autour avec un couteau ordinaire que l'on a ſoin d'éguiſer ſouvent ; c'eſt ce qu'on appelle couper à la planche. *Voyez l'action C* (*Planche II*).

On rafraîchit encore chaque feuille, c'eſt-à-dire, qu'on la diminue d'une demi-ligne avec une regle & un couteau plus fin.

On les aſſemble par cahiers, & on les met pour quelque temps ſous la preſſe, pour y prendre ſeulement le pli & la forme qui en font la propreté.

La preſſette des parcheminiers, repréſentée dans la *Planche II* en *Z*, a ordinairement deux pieds de long ; les deux vis fixées aux extrémités de la preſſe ont un pouce de diametre, & le ſommier eſt forcé de deſcendre au moyen de deux écrous *V* mobiles à la main.

Les parchemins que l'on peut dépecer ſans perte, ſont ceux qui peſent depuis quatre juſqu'à huit livres ; les autres s'emploient en grande peau.

Uſage du Vélin pour le Deſſein & la Peinture.

58. Les Deſſinateurs emploient volontiers du vélin ; on a pluſieurs deſſeins du Puget ſur vélin, qui ſont de la plus grande beauté ; M. Cochin s'en eſt preſque toujours ſervi par préférence au papier ; le crayon de mine de plomb y prend plus de force, plus de couleur ; on arrive à un plus grand fini, & les objets extrêmement petits ne ſauroient ſe rendre de même ſur le papier.

Cependant ces deſſeins, dit-on, perdent enſuite de leur force ; la ſuperficie du vélin s'altere, comme ſi le grain dont elle eſt couverte étoit ſujet à tomber ; je crois que cela vient principalement du blanc que l'on y employe (33), lorſqu'on écharne le vélin ſur la herſe, & dont une partie s'inſinue dans les pores de la peau : mais ſi le vélin eſt bien raturé, cet inconvénient doit diſparoître ; le fer à raturer emportera toute la couche du vélin que la poudre blanche avoit pu pénétrer, & il ne reſtera que le tiſſu inaltérable de la peau.

On reproche auſſi quelquefois au vélin de jaunir avec le temps ; mais on voit des pieces très-anciennes & fort blanches ; ſi le vélin eſt bien dégraiſſé, & qu'on l'ait préſervé du contact de l'air, de la pouſſiere, de la fumée, il se maintient dans toute sa blancheur.

Il est difficile de *fixer* un dessein sur le vélin, parce que l'humidité le fait jouer inégalement; certains plans de fibres se contractent plus que d'autres, & font *goder* la feuille.

Cependant M. Loriot, Inventeur de l'art & du secret de fixer le pastel, a fixé des desseins de M. Cochin, sans qu'il y parût la plus légere altération; ce qui prouve qu'avec beaucoup d'art & de soin, on peut donner à un dessein sur vélin la même fixité qu'à tout autre. D'ailleurs en collant le vélin sur du bois, ou sur un carton bien uni, on évite ce rétrécissement & cette irrégularité.

59. Les Peintres en miniature emploient quelquefois de l'ivoire & quelquefois du vélin. Il y a quelque chose à gagner pour le temps à se servir de l'ivoire; on réserve le fond de l'ivoire pour les lumieres, pour les blancs; on n'a besoin que d'un peu de pointillé sur les chairs, d'un peu de carmin sur les tournants, le reste se trouve dans la blancheur de la matiere; ce n'est presque qu'un dessein colorié. On a de très-belles miniatures de la *Rosalba* qui sont sur l'ivoire, & dans lesquelles il paroît que cette fameuse Artiste n'a voulu qu'abréger le travail.

Du reste le vélin offre plus d'avantages à un Peintre; on charge, on repasse, on unit tant qu'on veut, parce que le vélin boit la couleur, ce que l'ivoire ne fait point: il est plus aimable, on y trouve plus d'amour; les détails de ton, la légéreté, le degré de fini que l'on peut mettre sur le vélin, lui donnent un très-grand avantage; il ne se voile pas comme l'ivoire, pourvu qu'il soit collé sur un carton bien battu; sans cela il se tourmente, il travaille, & fait écailler la couleur.

M. Massé s'est toujours servi du vélin; quelquefois il le lavoit avec une éponge pour emporter le blanc qui pouvoit y rester, & le rendre plus lisse: cela peut faire reparoître des taches qu'on n'appercevoit pas; mais ensuite on choisit les endroits les plus avantageux pour y placer une tête, ou autre partie essentielle qui exige un fond plus uni & plus beau: Arlo, Coupe, Penel, Peintres célebres en miniature, ont tous employé le vélin par préférence. On a aussi des *encres à la Chine* de Klinshtet qui ont eu une grande réputation au commencement du siecle, quoiqu'il y eût plus de licence que de perfection dans ces ouvrages.

Il n'est gueres possible d'effacer les couleurs qu'on a une fois appliquées sur le vélin, parce qu'elles pénetrent trop avant; mais en travaillant légérement, on a la facilité de corriger, en donnant un peu plus de force.

M. Duhamel, de l'Académie Royale des Sciences, qui s'est exercé dans les Arts autant qu'il s'est distingué dans les Sciences, à proportion de leur utilité, m'a appris une méthode qui lui a très-bien réussi pour la peinture à la gouache (espece de miniature où l'on charge couleur sur couleur), il fait tremper dans de l'eau un peu de gomme adragante, appellée en latin *Tragacantha*; il met ce mucilage dans un nouet de linge fin; & lorſque le vélin eſt bien tendu & collé, il le frotte avec ce nouet; alors le vélin devient liſſe & égal, de maniere à recevoir aiſément les touches les plus légeres & les plus délicates.

En parlant de l'uſage du vélin pour la peinture, on ne peut ſe diſpenſer de citer cette multitude immenſe de manuſcrits que l'on voit dans toutes les Bibliotheques, dont la plupart ſon chargés de miniatures ſouvent très-bonnes; cette maniere de peindre ſur vélin étoit la plus eſtimée & la plus employée, avant qu'on eût trouvé l'art de peindre en huile; on peut citer en particulier les miniatures de Jean de Bruges, Peintre du Roi Charles V, celles qui ſont dans le Virgile du Vatican, peintes par Julio Clovio, vers l'an 1500, &c.

On voit à Naples dans le Palais du Roi, un livre peint en miniature par *Macedo*, éleve de *Michel-Ange*, il y a deux cents ans: c'eſt une choſe véritablement curieuſe, dit M. Cochin, ſoit pour le fini & la patience, ſoit pour le deſſein, qui en général eſt ſavant & fin, quoiqu'un peu maniéré dans le goût de ce temps-là. Les figures en cariatides, & les ornements de tous les genres, en ſont faits avec toute l'eſprit poſſible, & compoſés de très-bon goût: petits bas-reliefs, camées imités *, fleurs, oiſeaux, figures, tout eſt très-bien & ſavamment deſſiné; les ſujets d'hiſtoire & les payſages ſont beaucoup moindres. *Voyage d'Italie par M. Cochin, T. 1. p. 139.*

On conſerve à la Bibliotheque du Roi un recueil de portaits des Rois & Reines de France & autres Princes, copiés d'après les divers monuments, ou les anciens manuſcrits; & la plupart ſur du vélin. Cette collection commence à Clovis; elle renferme des copies de pluſieurs portraits anciens; mais le plus grand nombre eſt tiré des manuſcrits du 15e ſiecle, tels ſont un ancien armorial qui étoit au cabinet de M. de Gaignieres; des manuſcrits de la Chambre des Comptes; livres d'Egliſes des 13e & 14e ſiecles; une hiſtoires manuſcrite de Charles VI, par Jean Juvenal des Urſins, un traité des paſſages faits outre-mer par les François, compoſé en 1473; un manuſcrit in-folio de la Bibliotheque du Roi, coté n° 10025; l'hiſtoire manuſcrite de Monſtrelet, qui étoit autrefois dans la bibliotheque de M. Colbert; l'hiſtoire de Froiſſard, qui eſt à la bibliotheque du Roi; l'hiſtoire de Gérard, Comte de Nevers, & de la belle Euriant, traduite du Provençal vers le milieu du quinzieme ſiecle: cette collection fut faite dans le dernier ſiecle par les ſoins de M. *de Gaignieres*, & léguée enſuite à la Bibliotheque du Roi.

* Les Camées ſont des pierres en relief, dont le fond eſt d'une couleur différente de celle du relief.

60.

60. Mais il n'eſt rien peut-être d'auſſi précieux & d'auſſi beau, en fait de miniatures ſur vélin, que la collection de plus de ſix mille figures de plantes & d'animaux que l'on conſerve à la Bibliotheque du Roi ; ce tréſor d'hiſtoire naturelle fut commencé vers le milieu du dernier ſiecle par les ſoins de Gaſton d'Orléans, Prince célebre par ſon goût pour la Botanique, & a été continué juſqu'à nos jours par M. Aubriet, & Mademoiſelle Baſſeporte, Peintres du Roi, au Jardin Royal des plantes; on admire dans cette collection, des pieces de la premiere beauté pour le deſſein, l'expreſſion, la vérité, la couleur, & l'on y trouve des pieces d'hiſtoire naturelle, qu'il ſeroit difficile de rencontrer ailleurs. *Voy. Mém. de l'Ac.* 1727.

61. Il ne ſeroit pas aiſé de décider préciſément, pour la peinture en paſtel, ſi le vélin eſt préférable au papier ; la Roſalba, M. de la Tour ſe ſont toujours ſervi du papier : tandis que M. Boucher & M. Liotard préferent le vélin. M. Boucher dont l'autorité doit égaler dans cette partie, la célébrité de ce fameux Peintre des Graces, trouve que ſur le vélin, les couleurs ſont plus fraîches, les clairs plus brillants, qu'il y a plus de velouté, & même plus de fineſſe.

Le papier donne une teinte bleuâtre, que le Peintre eſt obligé de corriger, au lieu que le fond du vélin ne donne que de la blancheur & de l'éclat : le papier eſt pelucheux, ſujet à s'arracher ; le crayon même emporte la colle, & le rend plus groſſier, au lieu que ſur le vélin on peut effacer & retoucher ; au moyen du couteau & de la mie de pain, on enleve la couleur, ſans que le vélin paroiſſe avoir ſouffert : de-là vient auſſi que les peintures ſur papier ont un air plus groſſier, ſont moins propres à être vûes de près, parce que le fond en eſt moins liſſe.

D'un autre côté il y a peut-être plus de facilité à peindre ſur le papier ; on peut réſerver le papier pour des demi-teintes bleuâtres, au lieu qu'on ne peut pas conſerver le fond du vélin ; on peut recoller des parties entieres ſur le papier, avoir des feuilles plus grandes, & les coller l'une à côté de l'autre, ſans qu'il y paroiſſe. Cependant ceux qui ont choiſi le vélin, y ſuppléent, en couſant des feuilles de vélin l'une à l'autre ; mais ce travail exige beaucoup plus de délicateſſe & de ſoin que celui de coller du papier.

Il y en a qui prétendent que les paſtels employés ſur le vélin, noirciſſent avec le temps ; cela pourroit s'attribuer à la chaux qu'on y emploie dans certaines Provinces (46), & qui attaque les couleurs végétales des paſtels, lorſqu'elle ſe trouve miſe en action par une humidité accidentelle ; mais il eſt aiſé, ce ſemble, de s'en garantir en employant du vélin qui ne ſoit pas deſſéché avec de la chaux ſur la herſe. En général il ſeroit à ſouhaiter que les Artiſtes priſſent la peine de remonter un peu à la préparation de leurs matieres premieres ; ils ſauroient à quoi il en faut attribuer les avantages ou les imperfections; ils choisiroient mieux, & sauveroient quelquefois des inconvénients où ils tombent sans les connoître.

C'est le côté du dos que l'on choisit, pour peindre en pastel, au contraire de la miniature qui exige le côté de la chair; cependant il y a des vélins qui sont préparés des deux côtés, & dans lesquels on peut choisir.

C'est à Ausbourg, ville d'Allemagne dans la Souabe, que l'on prépare le vélin le plus recherché par nos Peintres pour le pastel; ils trouvent que celui de Paris n'est pas d'un velouté aussi égal & aussi fin. Le défaut le plus ordinaire du vélin consiste dans ces petites cavités que l'impression des vaisseaux sanguins y laisse souvent, & qui peuvent venir aussi de plusieurs accidents dans la peau de l'animal; ordinairement le côté de la tête est le plus exempt de ces sortes de défauts.

Pour tendre le vélin sur le chassis, il faut le mouiller du côté de la chair; mais on doit prendre garde que l'eau ne pénetre le côté du dos: car le velouté s'abattroit, & le vélin seroit trop lisse; dans ce cas on seroit réduit à faire un travail semblable à celui de la pierre-ponce, avec un couteau passé sur une lime douce; les petites inégalités, ou dentelures fines, que la lime y a laissées, rendent ce vélin pelucheux, comme il l'étoit au sortir de l'attelier.

Quand le tableau est ébauché, empâté, on mouille aussi le vélin par derriere avec une éponge, les couleurs paroissent plus fraîches; elles deviennent aussi plus fixes: cela fait prendre plus également, sur-tout sous le ventre qui est souvent trop lisse; l'humidité, en détrempant la colle naturelle du vélin, sert à haper mieux la couleur.

Des Peaux de Tambours, de Cribles & de Coffres.

62. Les peaux de caisse se font avec des peaux d'ânes, ou avec des peaux de veaux; & celle des timbales, avec des peaux de chevres; la préparation de celles-ci est à peu près la même que celle du vélin: voici cependant quelques différences.

Quoiqu'on les pele ordinairement avec de la chaux, cependant lorsqu'on n'est pas à portée d'en avoir, on y emploie les cendres, & les tambours n'en sont que meilleurs. Après avoir fait tremper la peau, si elle est seche, il faut la recasser, c'est-à-dire, l'amortir sur le chevalet, lui donner de la souplesse, comme si on vouloit la passer en chaux. On prépare un cuvier, dans lequel on met trente seaux d'eau, avec deux boisseaux de cendres; cela peut suffire pour une centaine de peaux, & même davantage: on remue ces cendres jusqu'à ce qu'elles fassent une espece de bouillie; on y étend les peaux, de maniere que les cendres puissent pénétrer par-tout, & on les y laisse plusieurs jours à froid, jusqu'à ce qu'on s'apperçoive qu'elles deviennent faciles à peler.

L'action des sels alkalis que la cendre contient, fait sur la peau le même effet que l'action de la chaux, & les rend faciles à débourrer de la maniere que nous avons détaillée, art. 18.

On ôte les grosses chairs avec le fer à écharner; on jette tout de suite de l'eau sur la peau; on l'expose à l'ardeur du soleil; on la laisse sécher sur la herse: cette précaution la rend plus forte, plus transparente & plus sonore.

On rature ensuite la peau à sec des deux côtés; mais il ne faut enlever avec le fer à raturer, que les inégalités de la surface; on ne les affoiblit que le moins qu'il est possible. La peau de batterie doit être beaucoup plus forte que la peau de timbre.

63. Les peaux de porcs dont on fait des cribles ou des cliviers, sont huit jours au plus dans la chaux, quoiqu'elles soient beaucoup plus fortes que les moutons ordinaires; on ne les y laisse que le temps nécessaire pour pouvoir les peler, & on ne les remet plus dans le plein, pour ne pas les attendrir; on les lave dans la riviere, & on les étend sur la herse: mais on ne doit pas les écharner comme le parchemin; on se contente d'en ôter la graisse avec le couteau à talon, ou tout au plus les grosses chairs; lorsqu'elles sont seches, on les coupe sur la herse, & l'ouvrage est fait.

On peut faire aussi des cribles avec des peaux d'âne, de genisse & même de mouton: mais on a soin de ne les laisser dans la chaux que le moins qu'il est possible; les cribles en sont toujours meilleurs.

Les peaux de porcs dont se servent les Coffretiers pour couvrir des malles, n'ont pas besoin d'être pelées ni écharnées; on se contente souvent d'en ôter la graisse sur le chevalet avec le fer de riviere, sans les mettre en chaux.

Enfin les peaux de mouton qui sont gâtées par la clavelée & la gale, ou qui sont gommeuses, ne pouvant servir au parchemin d'écriture, sont employées à faire des cribles.

Autres usages du Parchemin dans les Arts.

64. Les peaux préparées en parchemin ont une force & une finesse qui les rend utiles dans plusieurs Arts. Nous avons dit que les Peintres en miniature & en pastel, se servent du vélin; les premiers ne pourroient gueres s'en passer.

Les gargouches de canons se font avec de gros parchemins tachés ou défectueux.

Les Imprimeurs font avec du parchemin leurs tympans & leurs frisquettes.

Les Relieurs font une assez grande consommation de parchemin, & elle étoit encore plus grande autrefois.

La cartisane dont les Tailleurs & les Boutonniers se servent pour faire les boutonnieres consiste, en un fort parchemin coupé par bandes.

Les Bouquetiers & Enjoliveurs qui font à Paris une portion de la Communauté des Plumassiers, emploient le parchemin, soit blanc, soit en couleur, pour imiter les feuillages.

Les Facteurs d'orgues s'en servent pour garnir les soufflets, les sommiers & toutes les parties de l'orgue dans lesquelles on veut empêcher l'introduction ou le passage de l'air ; on sait par les expériences de M. de Réaumur, rapportées dans les Mémoires de l'Académie, que le papier est insuffisant pour cet effet, & qu'il laisse souvent échapper l'air qui n'a pas d'autre obstacle, au lieu que le parchemin s'y oppose invinciblement.

Les Apoticaires & les Distillateurs en ont besoin pour arrêter l'évaporation des liqueurs volatiles.

Enfin les actes authentiques, dont on a intérêt d'assurer la durée, s'écrivent sur du parchemin.

65. Les rognures même de parchemin sont une chose utile dans les Arts : les Papetiers qui aiment la perfection de leur Art, n'emploient que de la colle de brochette, c'est-à-dire, celle qui reste attachée sur la herse avec les ficelles & les brochettes. Quand on a coupé la peau, on fait bouillir ces rognures pendant plusieurs heures légérement & à petit feu ; on passe le bouillon de colle au travers de l'arquet, on y ajoute de l'eau, de l'alun & quelquefois du vitriol, & on trempe le papier dans cette colle. Voyez l'Art de faire le papier.

Pour que la colle de brochette soit belle & recherchée, il faut que le Mégissier ait eu soin d'en ôter la queue, les oreilles, les pattes & la *charnure*, c'est-à-dire, la chair qu'on enleve en écharnant ; tout cela augmente le poids de la colle en pure perte, & diminue la qualité de la véritable colle de brochette.

La colle de parchemin s'emploie aussi dans la sculpture, la dorure, soit pour coller les parties délicates, soit pour faire tenir la dorure, les couleurs & les vernis sur différents ouvrages.

Les Bougraniers s'en servent pour coller cette toile grossiere qui sert à soutenir certaines parties de nos habits, & qu'on appelle *Bougran.*

Les ratures du parchemin, lorsqu'elles sont un peu longues, servent à faire des *Lombards* ; ce sont les petites bandes qui se mettent à la tête de certaines pieces de drap pour les marquer. Les ratures communes servent à faire la plus belle colle qu'il y ait dans tous les Arts délicats, excepté peut-être la colle de poisson. On appelle ces ratures de la *Cosse* ; c'est la partie la plus fine que le fer à raturer enleve de dessus la surface de la peau ; cette colle est presque également belle, quoique les peaux soient tachées ; la peau noire elle-même fait de la cosse blanche.

Du

Du Parchemin coloré.

66. Il feroit certainement très-aifé de donner au parchemin toutes les couleurs imaginables; mais dans l'ufage actuel des Arts, nous ne voyons gueres que le parchemin verd dont il fe faffe une certaine confommation: on en teint auffi en jaune; mais cela eft beaucoup plus rare, fi ce n'eft en Hollande.

Les Parcheminiers cachent avec foin, & même entr'eux, le fecret de leur couleur: chacun fe flatte en particulier d'en avoir une plus belle & plus folide que celle des autres; mais dans le fait, la différence nous a paru fort légere.

Il y auroit plufieurs moyens de peindre le parchemin en verd, & d'une maniere folide; le meilleur eft celui-ci: On fera bouillir un gros de crême de tartre dans une demi-livre d'eau bouillante; on y jettera une once de verd-de-gris bien pulvérifé; on peut y ajouter encore une cuillerée d'eau-forte, pour rendre la couleur plus pénétrante, & on appliquera cette couleur tiede avec un pinceau fur le parchemin un peu humecté.

Cette préparation, quoique fi myftérieufement confervée, ne coûte pas bien cher; les parcheminiers de Paris pour 50 fols mettent en verd une botte toute entiere de 10 à 12 liv.

M. Duhamel m'a communiqué un autre procédé par lequel il a fait fouvent une belle couleur de *verd-d'eau*, très-propre à enluminer le parchemin, la voici: Prenez une pinte d'eau de pluie, une demi-livre de verd-de-gris, un quarteron de tartre de Montpellier, du bel indigo, la groffeur d'une noix: pulvérifez le tout; faites-le bouillir dans un pot neuf verniffé, fans le remuer; quand la liqueur eft réduite à moitié, on la paffe dans un linge fin, & elle fe conferve enfuite dans des bouteilles bien bouchées.

On peindroit auffi le parchemin en jaune avec de la graine d'Avignon, bouillie dans l'eau, où l'on auroit mêlé un peu d'alun pour rendre la couleur plus adhérente; ou bien avec de la gaude bouillie dans une leffive légere de cendres ordinaires.

Le rouge n'exigeroit que du carmin délayé à froid dans de l'eau un peu gommée; mais l'humidité attaque facilement cette couleur.

Le parchemin ayant été mis en couleur doit auffi être luftré avec des blancs-d'œufs ou quelqu'autre enduit gommeux ou réfineux qui lui donne du luftre; mais ces détails appartiennent plus à l'art des Enlumineurs, qu'à celui dont nous faifons la defcription.

Manufactures, Commerce & Valeur du Parchemin en France.

67. On ne prépare point à Paris les peaux qui font deftinées à faire du parchemin; les Parcheminiers de Paris ne font que Pareurs ou Raturiers,

ſuivant le langage des Mégiſſiers : ils tirent leurs peaux de Bourges & d'Iſſoudun en Berry, de Troyes en Champagne; de Senlis, de Pont-Sainte-Maixence en Picardie, de Creſſi en Brie, de Chartres & d'Etampes en Beauce : le Poitou, le Gévaudan, le Languedoc, la Flandre, l'Alſace ont auſſi des Parchemineries; mais leurs ouvrages ne viennent point à Paris, ſi ce n'eſt le vélin de Strasbourg, qui eſt recherché à Paris par les Peintres.

Il ſe fabrique dans le Royaume plus de cent mille bottes de parchemin : la ſeule ville de Troyes fournit plus de 1500 bottes par année. Un Ouvrier ſeul peut faire l'un portant l'autre 24 peaux par jour, & pourroit en fournir par conſéquent environ ſix mille dans une année, ou au moins 150 bottes, en ſuppoſant qu'il travaillât ſans relâche & toujours avec ſuccès; mais les circonſtances & les temps ne ſont pas également favorables : on travaille peu pendant l'hiver, & l'on manque beaucoup de peaux.

Lorſqu'il y a des mortalités dans les bêtes à laine, on a la facilité d'en faire bien davantage, & pour lors une Province peut en fournir à pluſieurs autres.

68. Pour donner une idée au moins approchée de la valeur des choſes dont nous avons parlé, nous allons rapporter à peu-près le prix des différentes peaux qu'emploient les Parcheminiers dans la province de Champagne.

Cuirs de mouton chez le Boucher, par abonnement, l'un portant l'autre, avec leur laine, à 100 ou 120 liv. le cent, chacun revient à 1 liv.

Il faut obſerver qu'il y a ſouvent une ou deux livres de laine, quelquefois beaucoup plus ſur une peau, ce qui ſuffit pour indemniſer le Mégiſſier & au-delà, en ſorte qu'on doit regarder la façon du parchemin comme en faiſant ſeule tout le prix.

Le parchemin qui peſe quatre livres la botte, vaut, ſans être raturé, lorſqu'il ne s'y trouve pas du verri, ou autres défectuoſités conſidérables.	4 liv.	10 ſols.
Celui de ſix livres, à raiſon de vingt-trois ſols la livre.	6	18
Celui de huit livres, à vingt-trois ſols.	9	4
Celui de dix livres, à vingt ſols.	10	
Celui de quinze livres, à dix-huit ſols.	13	10
Celui de vingt-deux livres, à ſeize ſols.	17	12
Tous ces prix ſuppoſent un parchemin pris au hazard, ſans être raturé ni choiſi.		
Une belle botte de vingt-deux livres, bien triée, raturée, & choiſie.	36	
Une belle botte de dix livres, bien choiſie, & raturée.	16	
Pour enluminer, ou mettre en verd, une botte de		

parchemin de dix livres, & lui donner le lustre. . . 2 liv. 10 sols

Les petites peaux de veau destinées à faire le vélin, s'achetent quelquefois chez les Bouchers de campagne par abonnement, à vingt sols la piece; mais il y a des veaux de tout prix; on en vend quelquefois à sept sols la livre, qui pesent jusqu'à six livres, & qui par conséquent valent *. . . . . 2 liv. 2

Mais celles-là ne s'emploient gueres au vélin; elles se travaillent chez les Tanneurs.

Les peaux de veau passées en parchemin, ou le vélin ordinaire de la premiere main, vaut depuis trente livres la botte, jusqu'à soixante livres; mais les Parcheminiers de Paris le revendent une ou deux fois davantage.

Les peaux de porcs dégraissées pour couvrir des coffres, une livre.

A l'égard des ingrédients nécessaires aux Parcheminiers, il n'y a gueres que la chaux dont le prix soit de quelque considération.

Le prix de la chaux à Paris est de cinquante-deux livres le muid, rendue sur le port; chaque muid de chaux est de quarante-huit pieds-cubes, qu'on appelle quarante-huit minots : la chaux de Melun est la plus estimée; celle de Senlis ne coûte que quarante-cinq livres; mais elle durcit moins; elle fermente avec moins de force. Un muid de chaux faisant la charge d'une voiture à trois chevaux, doit peser environ trois milliers; mais ce que nous avons appellé boisseau de chaux, dans l'art. 24, est une mesure usitée à Troyes pour la mesure des grains; elle contient le poids de trente-six livres de froment; ainsi elle est de la contenue de deux milles trois cents pouces-cubes environ; car un pied-cube de froment pese ordinairement vingt-six livres.

Estimation du Bénéfice d'un Parcheminier.

69. En faisant le résumé des prix de main-d'œuvre, & de ceux de la vente, détaillés dans les articles 9, 14, 32, 39, 68, on voit qu'il est difficile d'évaluer précisément les profits d'un Parcheminier; mais il paroît qu'un homme laborieux & seul, pouvant faire cent-cinquante bottes de parchemin, dont le prix est de quinze cents livres, peut gagner au moins mille livres chaque année pour sa main-d'œuvre. Mais s'il tient des Ouvriers avec lui, il peut gagner encore huit cents livres sur chacun, parce que la promptitude des opérations augmente beaucoup plus à proportion, que le nombre des Ouvriers.

Des Droits de l'Université de Paris, sur le Parchemin.

70. Tout le parchemin qui arrive à Paris, doit être porté à la *halle du Recteur*, pour y être visité; il y est *rectorisé*, c'est-à-dire, reçoit la marque

du Recteur, comme preuve de bonne qualité : pour ce droit de marque, chaque botte de trente-six peaux doit au Recteur vingt deniers tournois, c'est-à-dire, vingt deniers de notre monnoie actuelle. Ce droit se percevoit autrefois par les Officiers même de l'Université ; depuis environ deux cents ans, il est donné à ferme, & cette ferme est le seul revenu fixe de la charge du Recteur de l'Université.

L'origine de ce droit est si ancienne, qu'elle se perd dans l'obscurité des temps ; en général tout ce qui dans les arts & dans le commerce avoit quelque rapport à la littérature, a été regardé autrefois comme devant être sous la dépendance de l'Université ; aussi les Parcheminiers, Papetiers, Libraires, Imprimeurs, Relieurs, Enlumineurs, Ecrivains, sont cliens ou suppôts de l'Université, & soumis à sa *jurisdiction*.

On appelloit autrefois la *Halle des Mathurins*, un lieu couvert, appartenant à ces Religieux, & bâti dans leur cour, qu'ils prêterent à l'Université, en 1291, pour déposer le parchemin que l'on apportoit à Paris, & en faire la vente : depuis long-temps ce dépôt est au College de Justice dans la rue de la Harpe, en une salle appellée, comme nous venons de le dire, la *Halle du Recteur*.

De temps immémorial ceux qui amenoient du parchemin à Paris & aux environs, étoient tenus de le porter à la halle des Mathurins, à peine de confiscation & d'amende arbitraire, pour y être visité par les Parcheminiers de l'Université au nom du Recteur. En même temps on en fixoit le prix ; on le marquoit, & le Recteur de l'Université recevoit son droit de marque ; cela s'appelloit *rectorier*; il y a eu plusieurs Arrêts rendus pour la conservation de ce droit, & nous rapporterons ci-après une Déclaration de Henri II à ce sujet.

En vertu de cette prérogative, le Procureur-Fiscal de l'Université se transportoit au Landi pour y visiter le parchemin ; & en 1291, l'Université assemblée défendit aux Parcheminiers d'acheter du parchemin le premier jour du Landi & de la foire S. Ladre *, avant ses Régents & Ecoliers, les Marchands du Roi & de l'Evêque. L'Abbé de S. Denis prétendit en 1454, que l'Université ne pouvoit acheter du parchemin au Landi que le premier jour de la foire ; mais on s'opposa fortement à cette prétention.

71. Les droits de l'Université sur le parchemin étoient si bien reconnus, qu'en 1549 elle saisit le parchemin qui arrivoit aux Greffes du Parlement, de la Chambre des Comptes, & des autres Sieges de Jurisdiction, sans égard pour la permission que le Roi Henri II avoit donnée au Prévôt de le faire venir, avec exemption de toutes sortes de droits ; mais le Parlement ayant pris connoissance de cette contestation, ordonna qu'à l'avenir le parchemin dû par le Roi, aux Greffiers des Cours Souveraines, se déchargeroit au Palais.

* Deux foires anciennes & célebres ; celle du Landi se tient à S. Denis, entre la S. Barnabé & la S. Jean. La foire S. Ladre est abolie depuis la fin du dernier siecle ; elle se tenoit entre le 3 & le 11 Novembre, autrefois vers S. Lazare, ensuite vers S. Eustache.

Palais. Dans des temps plus reculés, l'Université employoit l'excommunication contre ceux qui entreprenoient de la frustrer de ses droits; mais les Contrevenants s'en référoient à la Sorbonne sur la validité de pareilles excommunications, & l'Université fut obligée d'en venir aux peines temporelles d'amende & de confiscation. (Voyez *l'Histoire de l'Université, par* M. Crevier 1761; *Histoire & Recherches des Antiquités de Paris, par* Me Henri Sauval, *Avocat au Parlement*, 1733, tome 1, pag. 657).

Declaration du Roi HENRI *II, donnée en 1547, qui confirme les Droits sur le Parchemin, accordés au Recteur de l'Université.*

HENRI, par la grace de Dieu, Roi de France: A tous présents & à venir, SALUT. Comme notre très-chere & très-amée Fille premiere-née, l'Université de Paris, eut dans les derniers jours de Février 1543, présenté Requête au feu Roi, notre très-honoré Seigneur & Pere, contenant qu'entr'autres droits & privileges octroyés par les Freres Rois nos Prédécesseurs, elle avoit droit de visiter & estimer tout le parchemin amené à notre ville & banlieue de Paris, & à cette fin étoit porté & conduit, par les Marchands Forains & autres personnes qui l'amenoient, aux halles des Mathurins & non ailleurs; esquelles halles avoit été de tout temps fait ladite visitation, prisée & estimation par les quatre Parcheminiers Jurés de ladite Université, & où il étoit trouvé aucuns vendants parchemin en ladite Ville & Banlieue, ou qui le cachoient, il étoit confisqué au profit du Recteur de notred. Université, pour laquelle visitation, apprétiation & estimation, ledit Recteur prenoit pour chacune botte de parchemin 16 deniers parisis, & contre ceux qui avoient voulu faire le contraire, s'en étoient ensuivies plusieurs Sentences, Jugements & Arrêts au profit d'icelle Université: & parce que ceux qui ont eu le maniement desdits privileges, avoient adhiré la charte dudit droit, notredite Université auroit requis commission pour informer sur la jouissance d'icelui droit qui leur fut octroyé par notredit feu Seigneur & Pere, en vertu de laquelle notredite Fille avoit fait informer par l'un des Examinateurs de notre Châtelet de Paris, notre Procureur en la Prévôté dudit lieu, duement appellé; & ladite information faite & rapportée pardevers notredit feu Seigneur & Pere en son Conseil Privé, auroit été ordonnée être communiquée à son Procureur Général, lequel auroit requis ladite Requête, information, Sentences, Arrêts & autres procès, par notredite Université, produits pour la vérification de son droit, être communiquées aux Officiers de notredit feu Seigneur & Pere, au bailliage & conservation des privileges de notredite Université au Châtelet dudit Paris, pour donner leur avis; ce qui auroit, notredite Fille présente, été fait par iceux Officiers, & renvoyé leursdits avis à notredit feu Seigneur & Pere: Et depuis, Nous auroit notredite Fille, présenté autre Requête, à ce que vu lesdites Requêtes, information & autres procédures faites sur la vérification de leursdits droits & privileges, il Nous plût ratifier, approuver & confirmer iceux droits & privileges; savoir faisons que, vû par Nous en notre Privé Conseil lesdites Requêtes, information & avis de nosdits Officiers ci-attachés sous le contre-scel de notre Chancellerie; & oui notre Procureur-Général en notredit Conseil privé, avons, par avis & délibération d'icelui, & de notre certaine science, pleine puissance & autorité royale, continué & confirmé à icelle notredite Université, lesdits droits & privileges de visiter, priser & estimer tout le parchemin qui sera amené en ladite ville & banlieue de Paris, & de prendre par ledit Recteur, pour ladite vérification, apprétiation & estimation, 16 deniers parisis pour chacune botte de parchemin, suivant lesdits droits & privileges. Voulons, ordonnons & nous plaît qu'elle en jouisse, comme elle a ci-devant anciennement fait, & que pour faire ladite vérification, apprétiation & estimation, tout le parchemin soit mené & conduit auxdites halles des Mathurins; & où aucun parchemin sera trouvé caché ou entre les mains d'aucuns Marchands ou autres icelui vendants, sera pris, saisi & mis en notre main, pour ladite saisie faite, poursuivre la confiscation d'icelui parchemin, pardevant notre Prevôt de Paris, Conservateur des privileges de notre Université ou son Lieutenant; & où aucune confiscation y écherra, sera & appartiendra audit Recteur: en outre les Délinquants, Contrevenants & Receleurs, seront condamnés envers Nous en amendes arbitraires, selon le mérite des cas. Si donnons en mandement par ces mêmes Présentes, à nos amés & féaux les Gens, &c. Donné à Fontainebleau au mois de Septembre, l'an de grace 1547, & de notre regne le premier. Regiſtré au Parlement le 17 Avril 1548, *post Pascha*, cotté *D*, 19 *B*, dans les archives de l'Université du College de Navarre, rapporté dans l'Histoire de Paris, par *Sauval*, tom. 3, page 228.

Des Statuts, Ordonnances & Réglements pour les Maîtres & Marchands Parcheminiers de la Ville de Paris.

72. Au mois de Mars 1728, la Communauté des Maîtres Parcheminiers de Paris ayant supplié le Roi de lui accorder l'établissement d'une Jurande avec des Statuts & Réglements pour la police de leur Communauté, obtint des Lettres-Patentes; elles furent regiſtrées en Parlement le 28 Juillet 1731, & contiennent 22 Articles. Dans les 4 premiers on leur accorde la permission d'être unis, sous le titre de Confreres de S. Jean l'Evangéliste, & d'en faire l'Office, comme cela s'étoit toujours pratiqué, & comme ils y avoient été autorisés par différentes Lettres-Patentes des 1 Juin 1401, Juin 1467, 15 Juillet 1549, Février 1582, Octobre 1614, Décembre 1654, le Roi leur permet aussi d'élire un Maître de Confrairie, avec deux Jurés de Communauté, à la pluralité des voix, pour faire, conjointement avec les

Jurés de l'Université, & non autrement, les visites des marchandises de parchemin amenées à Paris, saisir les parchemins mal-façonnés qui ne seroient propres ni bons pour écrire.

Dans l'article V, il est dit que, suivant les motifs insérés dans les Lettres-Patentes du mois de Décembre 1654, registrées en Parlement le 27 Février 1655, & par rapport au défaut d'expérience & de capacité pour le bon apprêt d'une marchandise où la moindre défectuosité peut donner lieu à des falsifications, soit de contrats, lettres de provision & de Chancellerie, Arrêts ou autres actes importants qui se font sur du parchemin, ce qui est préjudiciable à l'Etat & au Public; il sera fait défenses à tous sortes de personnes, autres que les Maîtres Parcheminiers de cette Ville, de faire fabriquer ou vendre aucune marchandise de parchemin, à peine de confiscation.

Les art. VI, VII, VIII & IX, portent que tous Marchands qui ameneront des parchemins, vélins, fonds de tambours, rognures de parchemin, colle de brochettes, ratures provenants des parchemins, seront tenus de les faire conduire à la halle du sieur Recteur de l'Université de Paris, ainsi qu'il est d'usage fondé sur les Réglements, pour lesdits marchandises être vues & visitées en la maniere ordinaire par les Jurés de l'Université, (où les Jurés de la Communauté assisteront, si bon leur semble,) & être ensuite vendus aux Maîtres Parcheminiers, & non à d'autres; le tout à peine d'amende & de confiscation. Les Maîtres Parcheminiers lotiront entr'eux ces marchandises, pour en payer chacun sa part aux Marchands, ainsi qu'ils conviendront du prix: & dans le cas où ils ne pourroient convenir du prix, le Marchand forain sera tenu de les enlever dans la huitaine, sans les pouvoir vendre ailleurs, ni en faire aucun dépôt dans la banlieue & vicomté de Paris. Et en cas que le Marchand ne les fît pas enlever, il sera permis aux Jurés de les faire enlever aux dépens du Forain & de les faire conduire hors de la ville & banlieue de Paris, conformément aux Réglements, à l'Arrêt du Parlement du 30 Août 1715, & à l'Arrêt du Conseil du 12 Décembre 1716.

Les quatre articles suivants concernent les réceptions dans la Communauté. L'apprentissage est de cinq années, & le compagnonage de trois ans; celui qui se présente, est tenu de faire le chef-d'œuvre chez un des Jurés ou des Maîtres; il ne peut être reçu avant dix-huit ans. Il est permis par l'art. XIII aux Maîtres Parcheminiers d'acheter les peaux nécessaires à la fabrication, & d'en revendre les laines & poils.

L'art. XIV leur défend de contreporter, ni brinbaler dans la Ville de Paris, aucuns parchemins ou autres marchandises appartenant à cet Art.

Par les articles suivants, les fils de Maître sont exempts de chef-d'œuvre; les Veuves de mauvaise vie sont déchues du droit de tenir boutique;

les compagnons qui se seront engagés à travailler au lot de parchemin, ne pourront quitter avant le terme de l'ouvrage, & travailleront depuis cinq heures du matin, jusqu'à huit heures du soir. Les Maîtres ne pourront prêter leur nom à d'autres, pour faire le détail des parchemins; les délibérations des assemblées vaudront, pourvu qu'elles soient arrêtées par dix Maîtres.

L'article XX concerne la fourniture des parchemins timbrés pour la Ferme générale, qui doit se faire par égale portion entre tous les Maîtres de la Communauté, suivant une transaction du 26 Octobre 1695, homologuée par Sentence du 9 Décembre suivant.

Il avoit été dit par cette transaction passée chez Boursier, Notaire, que les Maîtres Parcheminiers ne pourroient faire entrer leurs enfants dans la fourniture du Bureau des Fermes, à moins qu'ils ne fussent établis en boutique; & que si quelques Maîtres faisoient des fournitures cachées & clandestines pour le Bureau des Fermes, ou pour les Contrats de Ville, ils payeroient trois cents livres d'amende, applicables moitié à l'Hotel-Dieu, & moitié à la Confrairie; ce Statut confirme la transaction.

73. A l'égard des Titres énoncés dans les Statuts, ce sont 1°, des Lettres-Patentes de Louis XI, données à Chartres au mois de Juin 1467, obtenues par les Maîtres Parcheminiers, Libraires, Relieurs, Historiens & Enlumineurs de ce temps-là, par lesquelles le Roi leur permit, pour l'entretien de leurs confrairies, de lever sur chaque Confrere demeurant à Paris, quatre sols parisis : 2°, d'autres Lettres-Patentes de Henri III, données à Paris au mois de Février 1582, par lesquelles il confirma les précédentes : 3°, l'Arrêt d'enregistrement du 12 Janvier 1583 : 4°, des Lettres-Patentes du mois de Décembre 1654, obtenues par les quatre Maîtres Jurés Parcheminiers de l'Université, par lesquelles Louis XIV ordonna qu'à l'avenir les Edits de créations & Lettres de maîtrises, octroyées par les Rois, à l'occasion de quelques événements, ne pourroient jamais avoir lieu pour les Parcheminiers, registrées le 27 Février 1655 : 5°, un Arrêt du 20 Août 1715, par lequel il avoit été ordonné à un Parcheminier d'Issoudun, d'enlever dans huitaine ses marchandises de la halle du Recteur, attendu que les Maîtres Parcheminiers ne vouloient point les acheter; sinon permis à ceux-ci de les faire enlever, & suivre jusques hors la banlieue de Paris. Mais quoique les Parcheminiers formassent une espece de corps, ils n'avoient encore ni forme ni Statuts avant ceux de l'année 1728, dont nous venons de parler.

74. L'Université forma opposition à l'enregistrement de ces Statuts, & soutint qu'on ne pouvoit établir d'autres Jurés que les quatre Jurés de l'Université, lesquels devoient être seul maintenus dans le droit de visiter, priser, estimer, & rectoriser tout le parchemin qui étoit amené à Paris,

Paris ; & que toute confiſcation de parchemin devoit appartenir au Recteur, ſuivant l'Edit de Septembre 1545, regiſtré en la Cour, le 17 Avril 1548. Par un Arrêt contradictoire du 16 Mars 1731, il fut ordonné que l'enregiſtrement des Statuts ne pourroit préjudicier aux droits du Recteur, ni aux fonctions des quatre Jurés de l'Univerſité ; que les confiſcations appartiendroient au Recteur comme autrefois, dans les cas où elle auroit lieu, faute d'avoir porté les marchandiſes à la halle du Recteur, de lui avoir payé le droit de viſite & rectoriſation, & pour raiſon des défectuoſités ; enfin, que les Jurés de l'Univerſité pourroient faire leurs viſites, ou ſeuls, ou conjointement avec ceux de la Communauté. Et pour le ſurplus, les Statuts dont nous venons de faire l'extrait, furent enregiſtrés le 26 Juillet 1731 ; ils furent imprimés avec l'Arrêt d'enregiſtrement par les ſoins des ſieurs Louis-François Pelet, Jean Bichot, & Pierre Fourgault, anciens de ladite Communauté, & font partie de la collection des Statuts de la Communauté qui ſe trouvent raſſemblés à la Bibliotheque du Roi, & au Bureau de M. le Lieutenant-Général de Police.

Les Statuts des Mégiſſiers de Paris furent donnés par François I, Charles IX, Henri IV, Louis XIV, regiſtrés en Parlement le 13 Avril 1696. Mais ils ne font aucune mention du parchemin, parce que l'on a toujours fabriqué le parchemin dans les Provinces ; les Mégiſſiers de Paris travaillent les peaux de mouton en blanc, ce qu'on appelle *cuirs & denrées de mégie ;* & ſi l'on fabriquoit du parchemin à Paris, il n'y auroit que les Parcheminiers qui en auroient le droit.

Du Parchemin timbré.

75. L'USAGE du parchemin timbré fut preſcrit par un Édit du mois de Mars 1655 : l'objet étoit d'abord d'aſſurer la date & l'authenticité des Actes par une marque publique ; mais enſuite la marque du papier & du parchemin timbrés, eſt devenue un objet de Finance & de Ferme publique, & une portion des revenus de l'Etat.

On arrêta au Conſeil le 22 Avril 1673, le tarif des droits qui ſeroient payés ſur le parchemin timbré, & le bail en fut fait le 6 Mai ſuivant à Me Michel de Praly. Ces droits furent enſuite compris dans le Bail général des Aides du 9 Juin 1674.

L'Ordonnance du mois de Juin 1680, au titre des droits ſur le papier & parchemin timbrés, fixa les droits du Roi à vingt ſols ſur chaque peau de parchemin & cinq ſols pour toute ſorte de petit rôle ou portion de parchemin qui porteroit la marque.

Par la Déclaration du 18 Avril 1690, & l'Arrêt du Conſeil du 17 Juin 1698, ces droits furent augmentés d'un tiers : Voyez la conférence de l'Ordonnance de Louis XIV sur le fait des Aides, avec celle des Rois, prédécesseurs de S. M. par Jacques Jaquin intéressé dans les Fermes du Roi, édition de 1703, page 378, ou de 1751, page 398.

On appelle en général *Formule*, ces parchemins ou papiers timbrés : les droits sur la formule ont souffert, & éprouveront encore des variations arbitraires; il seroit donc inutile d'entrer à ce sujet dans un plus grand détail. On peut voit jusqu'ici les instructions sur les droits des Fermes données pour différentes Généralités, & les considérations sur les Finances de France, par M. de Forbonnais. Mais nous croyons que ces détails seroient trop étrangers à l'objet de l'Académie, & trop longs pour trouver place ici.

EXPLICATION DES FIGURES

de l'Art de faire le Parchemin.

PLANCHE I,

Qui représente le travail du Mégissier.

A, OUVRIER qui passe les peaux fraîches dans l'eau pour en détacher les ordures, ou pour en ôter la chaux.

B, Ouvrier qui sur-tond les peaux avec les forces ou ciseaux.

C, Ouvrier qui étend la chaux sur les peaux pour faire tomber le poil.

D, Ouvrier qui pele les peaux.

E, Ouvrier qui met les peaux dans le plein, ou qui les en retire.

F, Chevalet sur lequel on pele les peaux.

G, Couteau de riviere à deux tranchants.

H, Couteau à talon qui n'a qu'un côté légérement tranchant.

K, Forces ou ciseaux avec lesquels on coupe les mauvais brins de laine.

L, Pinces avec lesquelles on retire les cuirs du plein.

O, Goupillon avec lequel on étend la chaux.

P, Peloir, ou petit bâton rond qui sert à ôter le poil ou la laine.

Q, *R*, Morceau de parchemin retiré de l'incendie de la Chambre des Comptes, & qui a souffert un racornissement singulier.

S, Cœur, pierre à aiguiser qui sert quelquefois à peler les cuirs.

T, Brochette passée dans le bord d'une peau & retenue par une ficelle.

V & *X*, Figures de deux sortes de fer à écharner.

Explication de la Figure qui repréſente une peau brochée & tendue ſur la herſe, pour être écharnée & ſécher enſuite à l'ombre.

a eſt la partie ſupérieure de la peau ou la *tête ;* c'eſt le col de l'animal.

b b ſont les *collets* ou les épaules du mouton.

c c ſont les *pattes des collets.*

dd, *Briſets ;* c'eſt la partie de la peau qui eſt ſous les aiſſelles.

e e, *Boudines*, parties génitales, ou extrémités de la peau qui répondent au deſſous du ventre.

ff, *Tétines* ou mamelles.

gg, *Pattes de la culée*, ou pattes de derriere.

h, *Culée*, partie poſtérieure de l'animal où eſt attachée la queue.

PLANCHE II,

Qui répreſente le travail du Parcheminier.

A, *Ratureur* qui enleve la ſurface du parchemin avec le fer à raturer.

B, Ouvrier qui *ponce* le parchemin, ou qui lui donne le poli avec la pierre-ponce ; il a à côté de lui une pierre de grais pour nettoyer ſa pierre-ponce.

C, Ouvrier qui équarrit le parchemin, le coupe par feuilles & formules de différents échantillons.

a, *b*, *D*, Herſe du Ratureur ſur laquelle eſt tendu le ſommier.

d, Mordant, ou piece de bois qui ſert à tenir une peau ſur la herſe.

E, Fer à raturer, & à écharner ; car la forme eſt à peu-près la même.

e e, Manches de fers à raturer de différentes grandeurs.

F, Pierre ſur laquelle on dégraiſſe la pierre-ponce.

ff, Lames des fers à raturer.

G, Pierre ſur laquelle on aiguiſe le fer à écharner ou à raturer.

H, Fer à écharner, que l'on a démanché pour l'aiguiſer.

I, Selle à poncer, ou forte table de bois ſur laquelle on a coutume de clouer une peau.

K, Table ſur laquelle on équarrit le parchemin.

kkk, Regles de bois qui ſervent à équarrir le parchemin.

L, Aſſiette dans laquelle ſont les mouches qui ſervent à boucher les trous du parchemin.

M, Couteaux qu'on employe à couper les extrémités du parchemin, ou les parties défectueuſes.

N, Aſſiette dans laquelle on met la gomme qui colle les mouches.

O, Moule de bois avec lequel on regle la largeur des formules, ou quarrés de parchemin.

P, Couteau avec lequel on équarrit le parchemin.

Q, Ciſeaux qui ſervent à couper les parties inutiles, ou à figurer les mouches.

R, Moule de bois avec lequel on regle la largeur de certains quarrés-longs de parchemin.

S, Piſtolet d'acier qui ſert à retourner le fil du fer à écharner.

V, Ecrous de la preſſe du Parcheminier.

XX, Vis & tablettes de la preſſe.

Y, Pieces qui entretiennent la partie inférieure des vis, par deſſous la preſſe.

Z, Aſſemblage total de la preſſe du Parcheminier, avec les feuilles de parchemin qui ſont en preſſe.

REMARQUE GÉNERALE.

Il ne s'est rien trouvé dans les Manuſcrits de l'Académie Royale des Sciences qui concernât l'Art que nous venons de décrire, ſi ce n'eſt la Planche II, qui n'étoit pas même tout-à-ſait achevée.

M. Ludot & M. le Préſident Gonthier, Membres de la Société Littéraire de Troyes, ont procuré pour cette Deſcription toutes les facilités imaginables; & ces deux Académiciens ont favoriſé le travail de l'Hiſtoire des Arts autant qu'on devoit l'eſpérer du zele le plus éclairé & le plus académique.

Nous devons rendre juſtice auſſi à l'empreſſement de Meſſieurs Dumay, Fabriquants-Parcheminiers de Troyes, pour notre entrepriſe, de même qu'à la perfection & à la qualité ſupérieure des Parchemins & des Vélins qui ſe fabriquent chez eux.

TABLE

TABLE DES MATIERES,

Qui contient aussi l'explication des Termes employés dans l'Art de faire le Parchemin.

FIN DE L'ART DU PARCHEMINIER.

Mai 1762.

De l'Imprimerie de H. L. GUERIN & L. F. DELATOUR, 1762.

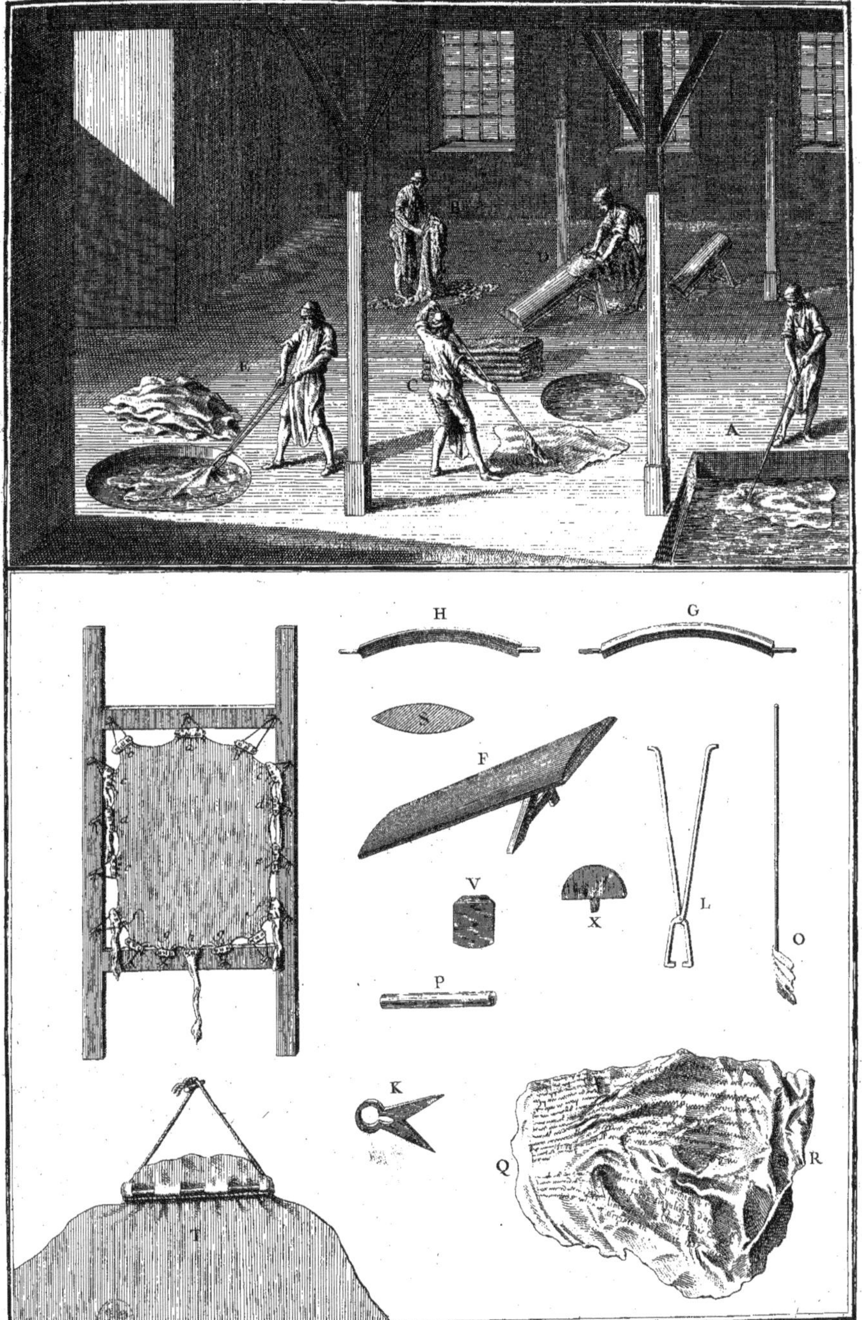

Patte del. et Sc. 1762.

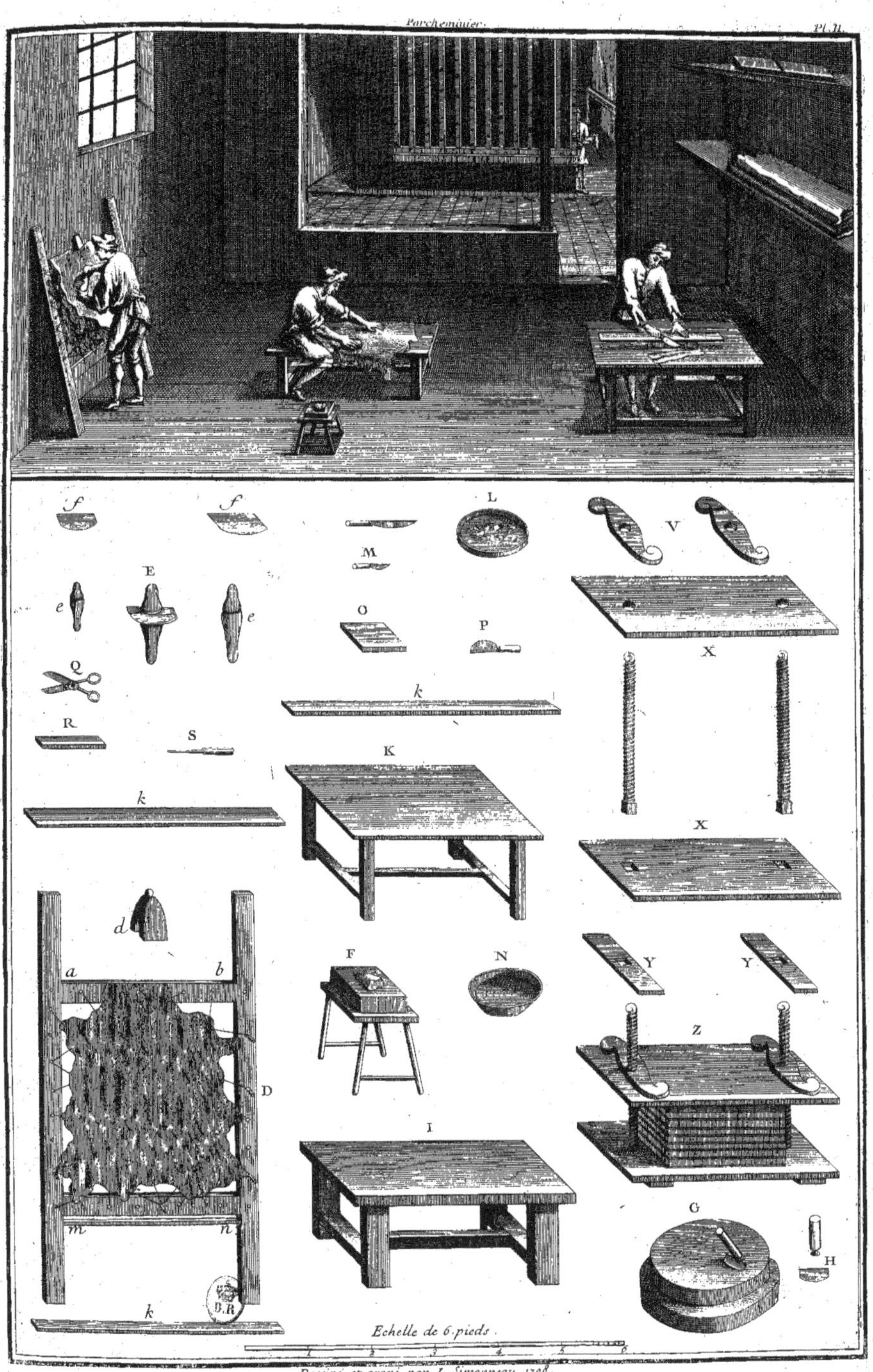

Dessiné et gravé par L. Simonneau 1708.

www.ingramcontent.com/pod-product-compliance
Ingram Content Group UK Ltd.
Pitfield, Milton Keynes, MK11 3LW, UK
UKHW012105240726
13965UKWH00004B/1556

9 782013 055437